西方思想家评传丛书

# 卢梭 Rousseau
Nicholas Dent

〔英〕尼古拉斯·登特 著 | 戴木茅 译

华夏出版社
HUAXIA PUBLISHING HOUSE

Routledge
Taylor & Francis Group

# 目 录

前 言  1
参考文献索引  1
年 表  1

**第一章　导论**  1
　本书主题  1
　本书目标  2
　写作计划  3
　为何读卢梭?  5
　拓展阅读  7

**第二章　生平和代表作**  9
　卢梭生平  9
　卢梭作品概述  22
　重要主题和核心观点  40
　结论和展望  48
　拓展阅读  49

**第三章　卢梭"三论"** 51

　本章主旨 51

　《第一论》52

　《第二论》60

　《第二论》述评 70

　《第三论》76

　总结和展望 81

　拓展阅读 82

**第四章　爱弥儿** 84

　引言 84

　《爱弥儿》:第1卷–第3卷 89

　《爱弥儿》:第4卷 100

　《一个萨瓦省神甫的信仰自白》112

　《爱弥儿》:第5卷——苏菲,或女性 122

　爱弥儿的政治教育 127

　拓展阅读 128

**第五章　社会契约论** 130

　引言以及本章主旨 130

　《社会契约论》第1卷 132

　《社会契约论》第2卷 140

　《社会契约论》第3卷 158

　综述和结论 163

　拓展阅读 164

**第六章　文化、宗教与政治** 166

　本章主旨 166

　习俗和文化 167

公民宗教　175

波兰和科西嘉　181

拓展阅读　187

**第七章　自传**　188

引言　188

《忏悔录》　191

《卢梭评判让-雅克:对话录》　206

《一个孤独漫步者的遐想》　212

拓展阅读　219

**第八章　卢梭的遗产和影响**　220

引言　220

卢梭与启蒙运动　222

卢梭与法国大革命　226

卢梭、康德、黑格尔与马克思　228

卢梭与浪漫主义　235

实例:卢梭的当代影响　238

拓展阅读　243

**词汇表**　245

**参考文献**　247

**译后记**　263

# 前 言

在本书中，我尝试公正而清晰地评价卢梭的大部分作品，不过我更擅长的是讨论和分析卢梭的论证，而非采用复杂、微妙的文学性语言进行批评和阐述，我知道这可能会导致一些不平衡，不过我会尽量进行弥补。

通常情况下卢梭的作品被分为两类，一类是哲学性著作，如《论人类不平等的起源》《爱弥儿》和《社会契约论》；另一类是文学作品和自传作品，如《朱莉》(或《新爱洛伊丝》)和《忏悔录》。现在越来越多的研究者开始讨论这两类作品之间的连续性。不可否认的是这两者的主题和关注点具有共同点，不过就我自己而言，我很难将它们看成同一综合体系中的组成部分。我倾向于艾里斯·默多克的判断，鉴于哲学和文学的目的和特点显著不同，她在文章中区分了"文学"和"哲学"，无论这一划分是否正确，我必须承认，当我试图在这些模式之间自由转换以及将这些作品作为标杆时，我充满犹豫。我在其他文章中也研究过卢梭，在这本书中也会不时引用这些材料，不过我决不会依赖其他作品中的知识。

多年来我一直得到提姆·奥·哈根教授的无私帮助，也深受他思想的影响，很高兴现在有机会表示感谢；非常感谢两位评审人对于本书的点评，这促成了本书的完善；尤其感谢杰恩·罗森和另一位助手对本文的文字处理。

谨将本书献给斯蒂芬妮。

尼古拉斯·登特

2004，伯明翰

# 参考文献索引

现将本书中经常提及的卢梭作品和关键文本的缩略语列表如下，这些作品的具体信息和翻译版本详见文末参考书目。

C《忏悔录》

Cole et al.《让－雅克·卢梭：社会契约论与论文集》，G. D. H. Cole 翻译和介绍，J. H. Brumfitt 和 J. C. Hall 修订和补充，P. D. Jimack 更新。

DI《论人类不平等的起源》

DPE《论政治经济》

DSA《论科学与艺术》

E《爱弥儿》(或《论教育》)

G《卢梭：论文集和其他早期政治著作；社会契约论和其他晚期政治著作》，Victor Gourevitch 编著。

GP《波兰政府考察》

OC《让－雅克·卢梭全集》，5 卷，1－5，B. Gagnebin and M. Raymond 编著。

PA《政治与艺术:致达朗贝尔——论戏剧》,卢梭著,艾伦·布鲁姆翻译和介绍。

PCC《科西嘉宪法草案》

RJJ《卢梭批判让-雅克:对话录》

RSW《一个孤独漫步者的遐想》

SC《社会契约论》

正文中的参考文献将给出书名、章节、页码(引用的翻译文本也同样适用),同时注明加涅班和雷蒙德编著的《让-雅克·卢梭全集》(OC)中的卷数和页码。我尽可能利用已经翻译完成的卢梭文本,即使它们不一定最全面和最具学术意义。

# 年　表

卢梭的生活大体可以分为三个部分：首先是学徒年代（1712—1749），此时他最多的作品是音乐，这段时间以去万塞纳之路"突发灵感"而结束。第二部分是成熟期（1750—1764），这段时间中他的重要作品有：《乡村占卜师》《对话录》《新爱洛伊丝》《爱弥儿》《社会契约论》《致达朗贝尔——论戏剧》。第三部分是衰退期（1764—1778），以与日俱增的精神困扰和格外强大的集中精力为标志。他的名作《忏悔录》就写作于这一时期，不过他许多的著作都是冗长而水平不一的。

1712年6月28日：卢梭出生于日内瓦

　　　7月7日：卢梭的母亲去世

1722年：卢梭的父亲逃离日内瓦

　　　卢梭由舅舅抚养，居住在波塞村

1725年：跟随雕刻匠迪康曼做学徒

1728年3月14日：被关在日内瓦城门外，决心离开这座城市

遇到华伦夫人

4月21日:在都灵放弃新教信仰

遇到格姆神甫①;偷缎带

1729年:接受音乐训练;漫游

1731年:在萨丁国王治下的测量局工作

1733年:与华伦夫人开始伴侣关系

1734年:克劳德·阿内(华伦夫人的情人兼管家)去世

1736年:与华伦夫人生活在莎曼特

1737年:歌曲《蝴蝶亲吻玫瑰花》出版

回日内瓦继承财产

1738年:写作《华伦夫人的果园》(1739年出版)

1740年:到达里昂,在让·伯诺·马布里家做家庭教师

写作《圣·马西先生的教育计划》、《博尔德书信》、

歌剧《发现新世界》及若干诗歌

1741年:辞去家庭教师一职

1742年:带着《新音乐记谱法》和戏剧《水仙》前往巴黎

8月22日:在科学院宣读《新音乐记谱法》

写作《论现代音乐》(《新音乐记谱法》

的改写版,发表于1743年)

1743年:写作芭蕾歌剧《风流的缪斯》草稿

7月:作为法国大使的秘书前往威尼斯

开始写作关于政治体制的论文(未完成)

---

① 《一个萨瓦省神甫的信仰自白》中萨瓦神甫的原型。——译者注

1744年8月6日:与大使发生争执后离开威尼斯
1745年:结识黛莱丝·勒瓦塞尔,发展为情人
　　　　完成《风流的缪斯》,演出部分段落
　　　　修订拉摩作曲、伏尔泰作词的歌剧《拉米尔的节日》,12月22日在凡尔赛演出
1746年:在舍农索的杜宾家担任秘书(直到1751年)
　　　　创作诗歌《塞尔维的林荫道》
　　　　黛莱丝生了第一个孩子,却被卢梭送到育婴堂
1747年夏天:创作《冒失的婚约》,在舍农索演出
　　　　秋天黛莱丝再次怀孕
　　　　卢梭的父亲去世
　　　　狄德罗和达朗贝尔策划《大百科全书》
1748年:策划出版刊物《讽刺者》,但是未能实现
　　　　为《大百科全书》撰写音乐词条
1749年7月24日:狄德罗被捕
　　　　8月:在去万塞纳监狱探望狄德罗时产生创作灵感
1750年7月:《论科学与艺术》(也称《第一论》)获第戎科学院奖
　　　　11月:《第一论》出版
1751年:回应对《第一论》的批评
　　　　6月:《大百科全书》第1卷出版
1752年春天:起草歌剧《乡村占卜师》
　　　　10月18日:《乡村占卜师》在枫丹白露上演,获得巨大成功

12月:《水仙》在法国喜剧院演出

1753年:《乡村占卜师》出版,《水仙》出版

11月:《论法国音乐的信函》出版,第二届第戎科学院有奖征文题目《论人类不平等的起源》公布

《论语言的起源》写于此时(但是未完成,在其去世后出版)

1754年:写作《论人类不平等的起源》(《第二论》)

返回日内瓦,重新皈依新教,恢复日内瓦共和国公民权

10月10日:返回巴黎

1755年6月:《第二论》出版

为《大百科全书》第5卷写作词条"政治经济"(即后来的《论政治经济》)

《致菲洛波利先生的信》,菲洛波利曾批评《第二论》

1756年:搬到蒙莫朗西的退隐庐

创作《政治制度论》;摘编圣·皮埃尔神甫的遗作(1761年出版《圣·皮埃尔神甫的〈永久和平计划〉摘要》,其余部分直至卢梭去世后出版)

7月到8月:《致伏尔泰——论天命》(1759年在柏林未经授权而出版)

秋天开始写作《朱莉,或新爱洛伊丝》

1757年:偶遇苏菲·乌德托夫人[①]

---

[①] 对乌德托夫人的爱慕激发他写作《新爱洛伊丝》。——译者注

与狄德罗发生争执

10月:看到《大百科全书》第 7 卷达朗贝尔撰写的日内瓦词条,决定撰文反驳

12月:离开退隐庐,搬到蒙路易

冬天为苏菲·乌德托写作《道德信札》(去世后出版)

1758 年:继续写作《新爱洛伊丝》,开始写《爱弥儿》

9月:《致达朗贝尔——论戏剧》出版

将"为真理献身"作为座右铭

终于与狄德罗绝交

1759 年:伏尔泰出版《老实人》,间接回复卢梭 1756 年的致信

1760 年:《新爱洛伊丝》完稿,《爱弥儿》和《社会契约论》进展顺利

构思《爱德华·布姆斯通先生的风雅往事》

1761 年 1 月:《新爱洛伊丝》出版

向卢森堡夫人求助去寻找他被遗弃的孩子

1762 年 1 月:写作《致马尔泽尔布的信》(去世后出版)①

4月:《社会契约论》出版

5月:《爱弥儿》出版

6月:《爱弥儿》在巴黎遭到禁毁,卢梭逃离巴黎,在途中写作《以法莲山地的利未人》

---

① 这四封信被认为是《忏悔录》的前奏。——译者注

6月19日:《爱弥儿》和《社会契约论》在日内瓦遭到焚毁

7月:定居在莫蒂埃,华伦夫人去世

8月:巴黎大主教克里斯托弗·博蒙发布教令抨击《一个萨瓦省神甫的信仰自白》

秋季到冬季:写作《爱弥儿与苏菲》(或《孤独的人》)(去世后出版)

1763年3月:《驳克里斯托弗·博蒙大主教》出版

5月:声明放弃日内瓦共和国公民身份

秋天:J.-R.特农金的《乡间来信》出版

1764年8月:收到布塔弗科①关于科西嘉时势的信函

开始起草《科西嘉宪法草案》(未完成,出版于1861年)

12月:《山中来信》出版;鲍斯韦尔来访;伏尔泰匿名出版《公民情操》

1765年:基本完成《音乐辞典》

卢梭位于莫蒂埃的住所遭到投石攻击,搬离此处在圣·皮埃尔岛暂居

12月:到达巴黎

1766年1月4日:与休谟前往英格兰

在伍顿继续写作《忏悔录》

7月到8月:与休谟发生争执

---

① 布塔弗科是科西嘉运动的领袖。——译者注

患有严重的精神疾病

10月到11月:休谟发表《简要声明》

1767年5月:返回法国,居住在巴黎附近

11月:《音乐辞典》出版

年末:离开巴黎前往瑞士

1768年8月:在勃古安与黛莱丝结婚

1770年:途经里昂返回巴黎

完成《忏悔录》(去世后出版),向朋友朗读此书

1771年:草拟《波兰政府考察》(1772年盗版流传,直到去世后才正式出版)

1772年:继续写作《卢梭批判让-雅克:对话录》,进行植物学研究

写作《植物学入门》(去世后出版)

开始编纂《植物学术语辞典》(未完成)

1774年:遇到格鲁克

继续写作最后一部歌剧《达夫尼和克洛伊》(未完成)

1776年:完成《卢梭批判让-雅克:对话录》(去世后出版)

2月24日:试图把《卢梭批判让-雅克:对话录》的副本藏到巴黎圣母院的祭坛上

5月:写作宣传页《致全体法国人》

秋天:被一条狗扑伤

开始写作《一个孤独漫步者的遐想》(未完成,去世后出版)

1778年5月20日:搬到埃默农维尔

  7月2日:去世,在白杨岛安葬

1780—1789年:莫尔顿和杜·贝鲁出版《卢梭文集》,包括卢梭最后十年尚未发表的许多作品。

1794年:卢梭的遗体被移入先贤祠

也见OC Ⅰ,CI - CXVⅢ中的综合性年表

# 第一章 导 论

## 本书主题

本书旨在介绍18世纪的伟大哲学家让-雅克·卢梭的核心观点。卢梭1712年出生于日内瓦,1778年逝世于埃默农维尔(当时位于巴黎城外,现在已经是巴黎市郊了)。卢梭至今因其对社会政治理论的贡献而享有盛名。写作于1762年的《社会契约论》是一部关于社会正义和政治合法性等基础性问题的著作,这是他在这一领域乃至所有涉猎领域中最有名的著作。他成果丰硕,包括:畅销小说《朱莉》(也称《新爱洛伊丝》,1761);内容广泛的教育理论著作《爱弥儿》(也称《论教育》);影响深远的原创性自传《忏悔录》(写于1764—1770年,直到卢梭去世后才出版);若干自辩性文章;语言学和音乐理论论文;一本音乐词典;一部成功的歌剧;植物学著作等。这些数量庞大、内容丰富的作品在当时为卢梭赢来巨大的、但也是富有争议的名声,他的观点从诞生之日起就持续不断地产生深远影响。

卢梭的一生也颇引人注意。在他出生后几天,妈妈就去世了。他因冲动离开日内瓦时还不到十六岁,后来转信天主教,被一位比自己大十三岁的夫人收养并成为她的情人。几年后这段关系结束,他前往巴黎追求功名,在枫丹白露为路易十五和蓬帕杜夫人演出自己的歌剧,与当时领导启蒙运动的思想家建立亲密关系,但是后来他又从上流社会抽身而退。卢梭被自己的观念所累,他的作品在巴黎和日内瓦遭到公开焚毁,他随着著名的经验主义哲学家、历史学家大卫·休谟前往英格兰,又为敏感猜疑的精神偏执所困而最终返回巴黎。在那里,经过一段更长时间的严重精神疾病折磨后,他在去世前终于找到某种心灵与身体的宁静,这绝不是隐者的安逸生活,而是被错位的人生困扰!我会在第 2 章详加论述这些内容(也可参见年表)。

这显然是一位令人着迷的著作等身的人物,本书希望还原卢梭观点的本来面貌,阐述其重要意义,并指出他的思想为何值得我们注意。

## 本书目标

本书试图以清晰可行的方式来呈现和评价卢梭的论点,在我看来,这些观点是卢梭的重要成就,也是他值得关注的原因。研究这些论述和观点必然要通过其作品进行,所以我将仔细考察部分节选作品，同时论及诸多其他内容。为了直接感受卢梭的行文风格，我会大量引用原文，虽然是翻译的作品，不过也可以给我的解释提供根据。如前所述，我的首要关注点是理解和评价卢梭的核心论点，所以全书将围绕相关主题，采用问题导向式结构，而不是进行简单的陈述和概括。

我尝试让那些没有或只有少量相关知识的读者也能理解这些材料，让他们了解卢梭的所思所想，不过我知道这有一点儿困难。我希望充分说明卢梭作品的重要性，阐述它为何会对人的想象力产生持久影响、为何得到人们持续不断的反思和重视，如果能激发读者的阅读兴趣，我将不胜荣幸。由于本书内容有限，我将尽量提供清晰、平实、合理的界定，避免陷入争议性解释和学术辩论，哪怕这意味着忽略了某些技术性问题。在我看来，向读者呈现条理分明的论述，要远远好过数量庞大的讨论，那会让人陷入混乱而错过某些复杂问题。各章结尾的拓展阅读会带读者领略不同的解读方法和评论，它们对正文中的内容构成补充和挑战。任何声称对卢梭思想的绝对论述都是不可能的，我只试图展现一种令人信服的、不含任何假想结论的分析。

## 写作计划

如前文所说，本书第 2 章将总体介绍卢梭。不过，他的作品范围广泛、种类丰富，这样一本小册子很难涵盖卢梭作品的各个方面，我只能挑选出在我看来最重要、最经久耐读的文章，围绕最有趣和最富挑战性的主题进行评论。大多数时候,我将按照成书先后进行讨论,有时候也会根据对核心论点的论述需要而展开。

我主要关注以下作品:

《论科学与艺术》(1750)

《论人类不平等的起源》(1755)

《论政治经济》(1755—1758)

《爱弥儿》(或《论教育》,1762)

《社会契约论》(1762)

《忏悔录》(写作于1764—1770,发表于卢梭逝世以后)

同时,我会或多或少地大量论及其他作品。

我着重关注这些主题:

● 卢梭论述和批评文明给人带来的堕落

● 卢梭讨论人与人之间的权力关系

● 卢梭赞美"自然"人

● 卢梭分析自爱和自尊的情感作用

● 卢梭论述政治合法性的基础以及公意的作用

● 卢梭强调公正、仁爱的社会具有自由、友爱和平等的特征

● 卢梭论述民族文化和民族宗教在个人生活和公正社会中的作用

为了突出以上论题,我不得不暂时忽略卢梭著作中的许多内容,而它们也是相当有趣和重要的,也值得关注。

大体说来，本书第3章分析"三论"①，关注人类的堕落和社会中人与人之间的权力关系；第4章讨论《爱弥儿》，论述自然人、自爱与自尊的重要性；第5章评析《社会契约论》，探讨政治合法性、公意、自由和平等；第6章考察友爱、文化以及宗教在社会中的作用；第7章写《忏悔录》，这就顺理成章地回到关于"自然"人的讨论；最后，第8章简要论述卢梭的知识遗产和影响。随着讨论的进行，我也会涉及许多其他内容，此处只是对主题和与之相应的作品的宽泛说明。在第2章中，我将概述卢梭的生平和著作。

## 为何读卢梭？

本书着重介绍卢梭在个体心理学、社会道德理论和政治哲学领域的观点。他在每一领域中都做出了富于原创性的卓越贡献。在我看来，这些理论振聋发聩、影响深远。

卢梭论述了人类关系：由于人与人之间普遍存在着扩张性欲望，比如希望获得对他人的支配性地位、掩饰落魄炫耀荣光，在他看来，这形成了虚假自我，人们以虚伪外表（面具）去博取艳羡，却远离了自己的真实需求和原初善良，他们依赖别人的认可和赞美而不能自拔。人与人之间充满了欺骗和操控，社会进程以及社会组织的整合与巩固的模式只不过是统治和从属、控制

---

① 《论科学与艺术》《论人类不平等的起源》《论政治经济》。——译者注

与顺从。在我看来,这是对人类心理和社会最敏锐的观察,不仅对18世纪的巴黎有启发,就是对今天的个人生活和社会动力仍然富有启示。卢梭预见到的这些问题,也成为黑格尔和马克思的某些中心议题,不过他们的观点与他有一定距离(详见下文第8章)。

为了摆脱个人和社会这种梦魇般的景象,卢梭认为,人类的幸福安宁来自于社会中人们彼此尊重、地位平等地充分参与生活,并由合法权威制定法律,唯有如此,才能发现真正的内心需求并使其得到满足。他强调每个人都具有与生俱来的尊严,这种尊严应该得到尊重,要充分考虑主权形式、立法机构和立法程序,以保障这一切能在公正、稳定和繁荣的社会中实现。他提出在主权者进行决定的过程中,每个人都有权利平等地表达意见,这开启了政治变革的进程,至今依然是我们的奋斗目标——至少在我看来确实如此。没有一个人能影响整个历史,除非在某种程度上如卢梭所说,整合社会中全体成年成员的力量,否则在世界上大多数地区,难持续听到关于政治合法性的讨论。

卢梭也认为,道德准则和品德教育所灌输的许多内容与强迫和恐吓无异,这反而会让人产生本来试图遏制的恶行。他尝试将伦理规范建立在对弱势群体同情的基础上,人与人之间因获得帮助和得到支持而心存感激,这包含了互助关心而不仅仅是屈从于道德的压力。最后,在这幅人类和谐生活的画卷上,卢梭称赞以简为美的审美品位和生活方式,强调自然的欢欣以及发展个人情感和天赋的愉悦——这种被称为"浪漫主义"的观点至今仍有深远影响。

我不知道此处描绘的内容是否对读者的口味,不过不可否认的是,卢梭有一系列内容丰富、震撼人心的观点,我希望单单是好奇心——如果没有其他的话——也会让人想要了解更多内容,但愿本书能在某种程度上满足这种好奇心,也许同时还有与众不同的、深邃的思考。

我将开始详细地介绍卢梭的一生,概述他广泛而丰富的著作。

## 拓展阅读

Robert Wokler, *Rousseau – A Very Short Introduction*。Oxford:Oxford University Press,2001。这是一本出色地概述卢梭作品的简要指南。

Ronald Grimsley, *The Philosophy of Rousseau*。Oxford:Oxford University Press, 1973。这是另一本仔细研究卢梭各方面成就的著作。

Allan Bloom, 'Jean–Jacques Rousseau' in Leo Strauss and Joseph Cropsey (eds.) *History of Political Philosophy*。Chicago:University of Chicago Press, 1987(third edition)。这是一篇富于启发性的文章。

Peter Gay, 'Reading about Rousseau' in Peter Gay, *The Party of Humanity – Studies in the French Enlightenment*。London:Weidenfeld & Nicolson, 1964。这篇文章研究在过去若干年中人

们如何理解卢梭。

N. J. H. Dent, *A Rousseau Dictionary*。Oxford：Blackwell，1992。本书以词典的方式展现卢梭的著作。

Colin Jones, *The Great Nation – France from Louis XV to Napoleon* 1715—1799。London：Allen Lane，The Penguin Press，2002。本书有助于理解卢梭生活时代的法国历史。

## 第二章　生平和代表作

在本章中,我首先介绍卢梭的主要经历,描绘他的生活画卷。接下来概述他的重要著作,同时也会论及某些无法在本书中详加研究的作品,以便读者能获得关于卢梭全部作品的整体印象。最后,我会进一步拓展我在导论中阐述的重要观点,概括出核心主题,它们为研究卢梭提供了方向和目标。

### 卢梭生平

1712年6月28日卢梭出生于日内瓦,他是家中的第二个儿子,他的父亲是伊萨克·卢梭,母亲是高贵、富有的苏珊娜·贝尔纳。7月4日让-雅克接受该市加尔文教派的洗礼;两天后,他的妈妈去世,年仅40岁。母亲的去世给卢梭造成深远影响,这不仅体现在他的性格上,也体现在他对何为最好人际关系的认知上。他反思说,自己从没体会过亲密无间的关系。

卢梭的父亲是日内瓦的全权公民。当时城中居民被分为三个等级,享有政治权利的全权公民还不到全部人口的十分之一。他是一位受过相当良好教育的人,以钟表制造为业,酷爱阅读,按照《忏悔录》所写,卢梭小时候和父亲一起读了许多书,其中就包括卢梭当时最喜欢的普鲁塔克:

> 普鲁塔克……是我尤为喜爱的作家,我一遍又一遍地读着他的书,沉醉其中,这导致我对小说的热情减少了许多……我的心灵时时被罗马和雅典占据,似乎生活在能与那些伟人对话的时代,我是一个出生于共和国的公民,父亲具有强烈的爱国精神,这激励我以他为榜样,同时把自己想象成希腊人或罗马人。(CⅠ:20,OCⅠ:9)

伊萨克·卢梭运气不济,在一次与他人的争斗后不得不离开日内瓦,那是 1722 年。卢梭由舅舅代为抚养,他和表哥亚伯拉罕一起被送到不远处的波塞村。卢梭在这里度过了几年田园生活,在《忏悔录》中可以见到他甜蜜的回忆。不过他也遭受了不公正的责罚,在责罚的疼痛中,他的青春期欲望开始萌动(见下文第 7 章)。当卢梭和亚伯拉罕返回日内瓦后,他们的社会地位和财富差异开始显现,卢梭被送去给一位严厉、专横的雕刻匠当学徒。

1728 年 3 月,卢梭的生活出现戏剧性转折。一天傍晚,当他从城外回来时城门已经关闭,他决定离开,去更广阔的外部世界寻找机会。经过几天的徘徊,他被介绍到安纳西去拜见弗朗索瓦-路易斯·德·拉都尔家族的华伦夫人，华伦夫人正受到资助去寻找和帮助潜在的天主教信徒。不久以后他们的生活就紧密相连，不过她先把卢梭送到都灵接受天主教教育，1728年4月底卢梭宣誓放弃新教。卢梭在都灵没有立刻找到稳定工作，在经过色情狂的纠缠和悲惨的第一次爱情等诸多波折之后，他终于在维尔塞里斯伯爵夫人家谋得一份仆人的工作。此后发生的一件事在卢梭的良心上刻下终生的烙印：他偷了一条缎带，却诬陷是另一位仆人玛丽蓉所为，他在后来的回忆中不止一次提起这段令人惭愧的经历。1729年6月他返回华伦夫人家中，可是她去了巴黎，在接下来的18个月里卢梭居无定所。他靠教授自己都不太在行的音乐来勉强为生，同时也做一些其他事情，不过大多数时候，他在参加青年人的探险旅行。1731年秋天，他终于和华伦夫人在尚贝里定居，此后近十年里，他们一直如此生活。

　　卢梭和华伦夫人之间有着引人注意的特殊关系：她管他叫"小宝贝"，他管她叫"妈妈"。到了卢梭21岁时，她决定与他发生关系，这件事既让他感到困惑不安，又感到无比喜悦。华伦夫人的管家克劳德·阿内也居住在这幢18世纪的老房子里，他是她的另一个情人，1734年阿内去世后，卢梭代替他，不仅成为华伦夫人的伴侣，也成为她日常事务的不太成功的管理者。在这段时间里，卢梭贪婪地阅读着历史、数学、音乐理论、哲学等书籍。他第一次尝试写作大概始于1737年或1738年，不过，此时他与华伦夫人的亲昵甜蜜的关系开始退去，一个更好的情人兼仆人——温增里德取代了卢梭的地位。卢梭生命中的又一个阶段走向了尾声。

1740年卢梭满怀期待地来到里昂,成为让·伯诺·马布里两个儿子的家庭教师。马布里是一位富有的贵族,担任警察局长。在里昂期间,卢梭给马布里写了两篇论教育的短文,也给里昂的朋友写了几首诗,不过都不太有名。1741年他短暂地回到华伦夫人身边,不过两人都感觉欢情不再,卢梭决定前往巴黎开创事业、追求功名。他带走了前几年开始写作的《新音乐记谱法》和《水仙》(或《自恋的人》)剧本草稿。马布里家族的推荐信帮助卢梭敲开巴黎上流社会之门,1742年他得以在科学院宣读自己的《新音乐记谱法》,结果是毁誉参半,不过他不为所动继续研究,一年后推出了修改版。卢梭开始与巴黎新兴的激进知识分子结识,尤其是丹尼·狄德罗,可是他既没有固定工作也没有收入,1743年他作为法国大使的秘书前往威尼斯,遗憾的是他们很快反目。卢梭在1744年夏末返回巴黎,一回来就投入各种音乐项目的紧张写作中。1745年他遇到终生情侣黛莱丝·勒瓦塞尔,这是一位目不识丁的洗衣店女仆,有一位好管闲事的妈妈,黛莱丝成为卢梭家的女主人、五个孩子的妈妈(孩子全被卢梭丢弃到育婴堂),直到1768年她才正式成为卢梭的妻子。他对她的情感有许多奇怪之处,虽然经常称赞她具有忠诚和奉献精神,可是黛莱丝地位低微,而他似乎更青睐那些令他陷入无望爱恋的高贵女性。

由于还没有确定人生方向,卢梭暂时做起秘书的工作——陪伴杜宾家族的成员。他同时继续与狄德罗以及新兴的百科全书派的成员密切交往,他们正在筹备著名的《大百科全书》(也称《关于科学、艺术和手工艺的详解词典》),那是一部由狄德罗和达朗贝尔编纂的、体现了启蒙思想的杰出作品,卢梭也准备为《大百科全书》撰写若干音乐词条。1749年8月卢梭经历了生命中最重大的变故。狄德罗的先进观点导致他与统治者发生冲突,随后被关进位于巴黎城外的万塞纳监狱。卢梭在前往探望狄德罗的途中,读到《法国信使报》刊登的第戎科学院有奖征文《科学与艺术的进步是否有助于净化道德风尚》,一看到这个题目他就震惊了,诸多观点和论断在脑中涌现,以致于他感到头晕目眩而不得不停下来休息片刻。他后来说,去往万塞纳途中的"灵感闪现"确定了他今后人生的方向。他在这条新征程上的第一项成果是《论科学与艺术》,也就是通常所说的《第一论》,这篇论文获得第戎科学院奖并于1750年底出版。他认为先进的科学和艺术事实上败坏了道德,这种论点获得广泛关注,也引发许多回应,其中就包括波兰国王时而耐心、时而暴躁的反驳。

此后的12年里卢梭高强度地工作,他的重要作品几乎都产生于这一时期,他试图写下在那次灵感闪现时捕捉到的每一个想法。不过,最初他最钟情于音乐创作。1752年春他完成《乡村占卜师》的词曲写作,这是他唯一真正经久不衰的音乐成就。同年10月,这部剧作在枫丹白露为法国国王路易十五和蓬帕杜夫人演出,得到巨大好评,卢梭由此获得国王赐予年金的机会。不过因心病和共和情感之故,[①]后来他离开枫丹白露返回巴黎,放弃了这一稳定收入。《乡村占卜师》在巴黎歌剧院上演,而意大利滑稽剧团的到来导致卢梭进一步卷入音乐事务,他们引发了

---

① 卢梭担心在觐见国王时因紧张而出丑,也担心接受年金后不能再保持立场独立、言论自由,因此决定放弃年金。——译者注

人们对于法国音乐和意大利音乐优缺点的争论。卢梭完全站在意大利一方,在《论法国音乐的信函》中他强烈批评法国音乐,认为法语不适合音乐曲调。这篇发表于1753年的文章引发轩然大波,也给他带来更高的知名度。

不过,当年他就将这些纷争抛诸脑后。第戎科学院又一次进行有奖征文,主题是"不平等的起源及证明"。为回答这一问题,卢梭撰写了他最具影响力、也是最重要的论文之一——《论人类不平等的起源》,也称《第二论》,不过这次他没有获奖。与此同时他开始写作《论语言的起源》,文章综合了对于音乐和政治的许多思考,尽管主体部分流传下来,但是全文并没有写完。卢梭在《第二论》中认为,现代社会包含着深重且令人憎恶的不平等,这种不平等丝毫没有任何可被正当化的理由,它只能导致人们生活在日趋严重的自我疏离和不幸之中。卢梭的观点以及难以相处的脾气令他与巴黎的许多朋友日生嫌隙。1754年他短暂返回日内瓦,宣布重新皈依新教并恢复日内瓦公民权。《第二论》开篇是饱含深情的、献给日内瓦共和国的大段致辞,在卢梭看来,那是一个包含了所有美德的城市,不过这一观点他并没有坚持太久,虽然他当时是经过认真思考的。《第二论》于1755年出版,几个月之后他关于政治经济的长文刊登在《大百科全书》第5卷,不久以后就以"论政治与经济"为题单独出版,这篇文章有时也被称为《第三论》。

1756年4月,厌倦了虚伪的沙龙派对和纷扰嘈杂的城市生活,卢梭离开巴黎搬到蒙莫朗西的退隐庐居住,那是一位富有的朋友埃皮奈夫人借给他的。随后的5年里他迎来了生命中的创作高峰。他继续推进自己庞大的研究计划:政治制度研究,这最初构思于威尼斯;准备摘编圣·皮埃尔神甫的遗作《永久和平计划》和《多部会议制》;写作反驳文章,他在伏尔泰的诗作《论里斯本地震》中读出了淡淡的悲观主义,所以就写了《论天命》进行反驳;搜集和增补音乐词条,那是以前写给《大百科全书》的,现在作为综合性《音乐辞典》的准备材料;思考有关道德经验的论述《道德情感,或者智者的唯物主义》,不过这篇文章没什么进展。

最让卢梭耗费精力的是他开始写作的另一本书,那是他在搬到乡下之初时完全没有想到的。蒙莫朗西的森林是一个充满美景的迷人世界,漫步在其中,他深深地陶醉了,由此萌生出写作书信体小说《朱莉》(或《新爱洛伊丝》)的计划。小说女主角的原型是苏菲·乌德托夫人,她是埃皮奈夫人的妯娌,1757年初与卢梭偶遇,后来卢梭陷入对她疯狂的爱恋,黛莱丝对此作何反应我们不得而知。文章混杂着情欲渴望和道德克制——至少在《朱莉》的开篇我们随处可见;另外,在那年冬天他送给苏菲的别致爱情礼物《道德信札》中也有某种程度的体现。卢梭的朋友们对他的这段感情纠葛多有诟病。1757年末,他与埃皮奈夫人的关系无可挽回地破裂了,他不得不搬出退隐庐,继而接受来自卢森堡公爵和公爵夫人的帮助。虽然没有了其他事情的牵绊,可是小说也没有继续写下去。卢梭的朋友、与狄德罗共同编纂《大百科全书》的达朗贝尔为《大百科全书》撰写了一则关于日内瓦的词条,建议在当地修建剧院。卢梭奋起捍卫故乡的习俗,写作了一篇影响广泛、铿锵有力的文章进行反驳,《致达朗贝尔——

论戏剧》在 1758 年出版。

《朱莉》最终于 1761 年初出版，该书畅销一时，不过他的高歌猛进没有持续多久。1758 年卢梭开始写作《爱弥儿》，并准备在 1761 年出版，这是他自认为最重要的作品。与此同时，他放弃了政治制度的写作，抽取出其中有用的材料，最终整理成他最负盛名的作品《社会契约论》。《爱弥儿》的出版并非一帆风顺，疾病缠身、心情低落的卢梭，担心被阴谋算计，一连给马尔泽尔布写了四封信阐述自己的境况和自己对生命的态度。马尔泽尔布是图书出版（审查）总监，决定哪些书可以出版、哪些书不能出版。他一直对卢梭表现出友好的态度，给予他支持，当然，这里也许有职务的原因。这些信件是旷世自传《忏悔录》的前奏，后者包括了卢梭自"灵感闪现"之后近 15 年的经历。不过即便有马尔泽尔布的支持也无济于事。1762 年 4 月《社会契约论》出版，5 月《爱弥儿》出版，随之而来的是灾难性后果，这主要源于《爱弥儿》中的长文《一个萨瓦省神甫的信仰自白》。天主教廷认为其具有颠覆教义和异端邪说的观点，遂判令烧毁图书、逮捕作者。

由于得到事先预警，6 月 9 日卢梭逃往瑞士的伊韦尔东，可是随后日内瓦当局也颁布禁令，销毁《爱弥儿》和《社会契约论》。他不得不再次动身，前往相对安全的莫蒂埃，置身于普鲁士弗雷德里克二世的保护之下。这些可怕的事件最初似乎并没有搅扰到卢梭，他甚至在离开巴黎的路上写了一首短诗——《以法莲山地的利未人》，他声称这是自己"最珍贵"的作品，不过在我看来，这是一首非常古怪的诗作。此外，他开始反驳那些谴责之词,他写了一篇雄文,为自己和《爱弥儿》辩护,反击巴黎大主教的指控,这篇题为《驳克里斯托弗·博蒙大主教》的文章于1763年出版,非常好地概括了卢梭眼中的、贯穿于自己作品中的主要观点。1762年7月华伦夫人去世,这给卢梭带来难以抹去的创伤,他后来修订了自己的最后一部作品《一个孤独漫步者的遐想》中的"第十次漫步"。这本书的所有章节都以"漫步"命名,象征着他对于自己在巴黎内外孤独前行的反思和回忆。

日内瓦当局销毁卢梭作品的行为激起卢梭的愤怒,1763年5月他宣布放弃自己的公民身份。不过双方的争执并没有到此为止。日内瓦司法部长让·罗伯特·特农金写作《乡间来信》为打压卢梭的行为辩解。卢梭则以《山中来信》作为反驳,该书在1764年12月出版,详述了当时城中普遍存在的政府滥用权力的现象,同时也为自己所受到的指控辩护。在这段时间里,他对植物学产生浓厚兴趣,这一兴趣伴随了他的余生,后文会继续详谈。尽管卢梭不喜欢被打扰,但是他的声望给他带来许多意想不到的访客:开始是约翰逊的传记作者詹姆斯·鲍斯韦尔;后来是泛欧旅行者①;再后来是科西嘉解放运动领袖,他的到来是因为《社会契约论》第2卷第10章中对于该地的高度赞扬:"勇敢的科西嘉人依靠英勇无畏和坚持不懈而重获自由,他们捍卫自由的精神值得智者去教导他们如何保护胜利成果。"(OC Ⅲ:391)卢梭的论文《科西嘉宪法草案》就写作于此时,不过没有完成,残稿直到1861年才出版。

---

① 指18世纪英国上层社会青年人在大学毕业前漫游欧洲的旅行。——译者注

卢梭并没有享受到安静的修养。1764年末伏尔泰匿名写了一本小册子,向世人揭露卢梭遗弃自己的孩子,卢梭为此饱受困扰,不过我们依然不知道黛莱丝对此作何感受。与此同时,卢梭与莫蒂埃宗教当局反目成仇,1765年9月他的房子被人投以石块,他不得不再次逃离。在瑞士比尔湖的圣·皮埃尔岛(近伯尔尼)过了几天短暂的田园生活后,他最终返回巴黎,从那里前往似乎安全的英国,苏格兰哲学家、历史学家休谟与之随行并保护着他。当时他们还彼此仰慕,但是很快就变得疏远。他们性格不同、社会地位不同,再加上休谟一些世故的朋友的行为,这使得休谟试图让卢梭生活舒适、为人接受的努力归于失败,卢梭变得焦虑不安。休谟将他们之间的争执写成《简要声明》,在1766年10月出版。此时卢梭正遭受严重的精神病痛折磨,他患有迫害妄想症,身体极度虚弱。在斯塔福德郡居住了一段时间,写作了《忏悔录》第一部分。1767年5月他仓促离开英国,当年晚些时候他终于完成《音乐辞典》并出版。在另一段颠沛流离的日子里,他终于娶黛莱丝为妻(1768年8月),1770年6月他最终返回巴黎,不过他在那里只能勉强隐居,因为对他的拘捕令直到去世都没有撤销。

卢梭在巴黎主要靠抄乐谱勉强为生,他的作品也能带来一些稳定的收入。另外,他的长期出版商马克·米歇尔·雷伊(总部位于阿姆斯特丹)也定期给黛莱丝一些年金,这帮助她在卢梭去世后又活了22年。卢梭选取《忏悔录》的部分内容组织朋友们进行私人朗读,但是这项活动很快迫于埃皮奈夫人的压力而停止。她曾经是卢梭的知己和资助人。他继续进行植物采集,同时也开始写作《卢梭批判让-雅克:对话录》,这是一部杰出的自我辩护和自我澄清的作品,从1771年一直写到1776年。在无尽的绝望和精神病痛折磨中,1776年2月他试图将这份文稿的副本藏到巴黎圣母院的祭坛上,但是发现祭坛大门紧闭。他坚信自己是卑劣阴谋的谋害对象,就在街道上向路人散发题为《致依旧热爱正义和真理的全体法国人》的宣传单,不过行人一定认为自己遇到了疯子。1776年10月卢梭发生了意外,他被一条名为大丹的狗扑伤——而且伤得不轻,但是由于某些无法解释的原因,这次意外受伤缓解了他的精神疾病。在最后的日子里,他创作短篇散文集《一个孤独漫步者的遐想》,这部作品直到他去世也没有完成。

如前所述,尽管从1770年起卢梭就被严重的精神疾病困扰,但是在与波兰国内主张反俄罗斯控制的巴尔联盟接触后,他还是在此期间准备了一篇引人注目的政治论著《波兰政府考察》。他也写了几篇有关植物学的小短文,由著名的玫瑰画家雷杜德绘制插页后制成精美版本出版。

1778年5月卢梭搬到靠近巴黎中心的埃默农维尔。7月2日突然去世,在白杨岛安葬。他的墓地成为许多巴黎人和崇拜者的朝圣之所。1794年在隆重的仪式中,卢梭的遗体被移入巴黎先贤祠。他最后十年的杰出自传作品没能在生前出版。卢梭的多年挚友、两位日内瓦人莫尔顿和杜·佩鲁着手编纂卢梭作品全集,这使得他的许多作品第一次问世。如上文所说,包括科西嘉论文在内的更多材料陆续被学者找到,不过重要文献的发现工作至今依然在进行。比如,像格蕾丝·罗斯福的《在核武器时代阅读卢梭》导言中所说,她复原了卢梭《国家战争》的手稿。

纵观卢梭的一生,大体上可以分为三个阶段:"学徒"期(1712—1749年),作品以音乐为主,此阶段以去万塞纳路上"灵感闪现"而结束;成熟期(1750—1764年),这段时间产生了他最伟大的作品,包括:"三论"及《新爱洛伊丝》《爱弥儿》《社会契约论》《致达朗贝尔的信》;衰退期(1764—1778年),此时期以严重的精神疾病和心无旁骛的研究为特征,精彩的《忏悔录》正是写作于此时,不过此时的许多作品都显得冗长拖沓、佶屈聱牙。J. H. 布鲁姆在他的《卢梭思想研究》中将卢梭的一生划分为五个时期:童年时代,到1725年;冒险时代,到1741年;雄心时代,到1750年;成就时代,到1762年;赎罪至死亡时代,到1778年。人生阶段的划分显然没有泾渭分明的标准,但是这些分期可以帮助人们更好地理解卢梭的复杂经历和深邃作品。

当然,透过我描述的卢梭的经历和著作,并不能(或不能真正)说明卢梭的脾气秉性如何、他一定想成为什么样的人、想做什么事。我们知道,人们对他褒贬不一,赞成者为其倾倒,憎恨者对其充满厌恶。任何人都很难说自己"真的"怎样——无论如何定义"真"——鉴于卢梭的深远影响,我们很难找到不带任何情感偏见的论述,尽管卢梭自己常常试图向我们真实、公正地展现自己。不过我认为金斯利·马丁的评论很好地体现了卢梭的风格:

> 最开始(在巴黎)时,卢梭被狄德罗、埃皮奈夫人接受为新兴的百科全书派的新成员。这是一个由聪明人组成的小

圈子，他们具有共同的经历，拥有同样的好恶，彼此充分了解，担心新成员令人厌恶或者是不速之客，没有什么事像融入这个圈子这样困难，加入者需要有那么多的人生阅历、那么多的泰然自若和独立自信，这些条件卢梭一点都不具备……自负且敏感，热切又多愁，不懂行事分寸，没有容人之量，缺乏周旋之才，鄙视阿谀逢迎的社会，这个社会认识不到他的潜在才能、善良心灵、纯洁愿望，无论他做什么都是错的。饱受疾病困扰，他更渴望成为中心人物。人们嫉妒他的独立，对于他获得的每一份帮助都大为恼火。人们的每一句激励之词都会让他坚信自己的主张，每一个细微眼神又会让他骤然沮丧……像严格控制自己私人情欲的清教徒一样，他也不能容忍放浪形骸的行为。他是真正的宗教信徒，相信情感体验，不相信书面论证，总之，不能让嘲笑者进行责难……毫无疑问，他渴望给人留下深刻印象——这是一个深情的、自然的人，他如此独立，不介意别人的看法……他急切地与人建立亲密关系，而人家仅仅想与他保持友好，这是他的宿命……幽默或机智也许可以拯救他，但是他又没有……

(Martin:110~112页)

我想许多人都可以从这里看到自己，但是卢梭是独一无二的，他的作品涵盖广泛、影响深远。马丁在几页之后继续写道：

毫无疑问卢梭是一位天才，他的影响无法细数，在后世的思想中总可以看到他的影子……人们对于卢梭的评价截然不同:他既开拓了想象力又耽溺于情感,既增加了人们对于公正的渴望又让人们陷入思维混乱;他给贫困者以希望,但是即便是富人也可以用他的理论为自己辩护。卢梭的影响至少在以下方面是毫无争议的:他不相信强力能成为国家的基础,他让人们相信,政权的合法性仅仅来源于理性同意,任何不顾个人自由或是无法推进社会平等的政府都不能获得正当化的理由。

(Martin:219,同时参见:pp. 195 ff.)

## 卢梭作品概述

本节勾勒卢梭大部分作品的主要内容,以便读者获得对于他作品的整体印象。整节将简要描述,不过,对于后文不会详加阐述的文章,此处会多花一些笔墨。我不打算触及每一个领域,毕竟某材料是卢梭专家的研究范围。

卢梭的作品大体可被分为9类:

(1) 社会和政治类著作——这是他最广为人知的领域。

(2) 教育著作。

(3) 辩驳性著作。

(4) 自传以及其他自我解释和反思的作品。

(5) 关于音乐和语言的论著。

（6）小说《新爱洛伊丝》、各种散文和诗歌。

（7）音乐作品。

（8）植物学著作。

（9）通信；关于宗教和战争的文章。

我将依次介绍。

## 社会和政治类著作

这一主题之下的作品主要有"三论"及《社会契约论》《科西嘉宪法草案》《波兰政府考察》。这些文章将在后文详细分析，此处只做简要介绍。

在《论科学与艺术》(《第一论》)中，卢梭论证说重建科学和艺术无助于道德净化，科学和艺术兴起于闲散奢华之所，这种社会鼓励自我夸耀，导致人们背弃了正直忠诚。天才数量有限，只有他们才称得上拥有天赋；至于大多数人，无论是为自己还是为他人考虑，都最好本分行事、诚实做人。文中卢梭集中精力批评人类追求差别，对私人财富的渴望远远胜于对同伴的忠诚，这会带来人与人之间的不平等。这一观点以及其他观点在《论人类不平等的起源》(《第二论》)中得到进一步的阐释。卢梭指出，社会交往中到处都是支配他人、炫耀成就的情形，受此影响，自然人逐渐堕落，不再单纯快乐。政府和法律只不过强化了富人享有特权、穷人遭受贬损的现象，这与人人被赋予公正和尊严的自然状态背道而驰。

《论政治经济》(《第三论》)在许多方面是《社会契约论》中某些观点的前期表述。卢梭认为国家政权必须建立在全民同意的基础上,政权来源于公意:"(公意)常常关心国家整体以及每一部分人民的生命和福祉,它是法律的源泉。"(DPE:132,OC Ⅲ:245)在文章的第二部分,卢梭将这一首要原则应用于税收事务,以此避免同一国的人民陷入收入不平等的鸿沟。

《社会契约论》是卢梭最重要的著作,也是政治哲学领域的经典文本之一。在这里我们会读到对于公意和"自由、平等、博爱"原则更充分——尽管不见得更清晰——的论述,前者是政权的来源,后者是所有公正、仁爱的政治共同体的核心原则。卢梭塑造了一位类似神的"立法者",在立法者创制的国家中,人们基于公正、平等的立场而联合在一起。卢梭强调主权者和政府存在明显区别:主权者是政治权威和政治合法性的来源;政府只是执行机构,依据授权将法律运用于具体的案件和个人。卢梭在《社会契约论》中分析公民宗教原则时,也详细讨论了宗教信仰和宗教实践在一个良好的社会中的地位。

前面说过,卢梭在《社会契约论》第2卷第10章对于科西嘉问题曾有过精彩论述。1764年科西嘉反政府武装的领袖联系他,希望他为革命后的科西嘉制定一套新的立法和宪政体系,虽然这篇文章没有完成,不过本文连同1770—1771年写作的《波兰政府考察》,让我们了解到他如何将《社会契约论》设想的正当、公正的抽象原则适用于具体政治实践,在这一过程中原则要受时间、地点等偶然性因素制约。以上两篇文章——尤其是关于波兰的著作——中卢梭都强调培养国民性和社会风俗的重要性,鼓励人们对祖国和同胞奉献至高的忠诚。有趣的是,尽管卢梭视平等自由和代表全体人民为最高价值,可是他认为波兰的农奴只能逐步获得解放,因为在遭受多年残暴统治后,他们只会将新政权当成过去政治的延续,而不是自己已经掌握权力。

## 教育著作

卢梭讨论教育目标和教育技巧的文章最早要追溯到1740—1741年,当时他在里昂,写作了《致马布里先生的备忘录》《圣·马西先生的教育计划》,这是两篇不太重要的小文章。卢梭在文中谈到,教育不是枯燥无味的照搬书本,而是要陶冶心灵、培养判断力、塑造精神气质,有了这些情感,一个人既不会轻易反对,也不会轻易兴奋。卢梭被视为一流的教育理论家,源于他在《爱弥儿》中提出的观点,这本书的副标题是《论教育》。在此书中卢梭提出"消极教育"理论,他认为,孩子不能总是被控制、被管理、被训诫,教育应该提供良好的环境和资源,通过自然健康和循序渐进的课程设置,根据孩子自己的接受能力,来培养他们的身体、情感和理解力,这样他们才能身心健全、快乐成长。教育者要支持和鼓励孩子的自发兴趣,不要对孩子强加干涉和要求。《爱弥儿》还讨论了宗教教育,在《一个萨瓦省神甫的信仰自白》中,卢梭捍卫自然宗教,反对建立宗教团体、反对相信天启。我会在本书第4章再次回到这一问题。《爱弥儿》第5卷详尽讨论了男人与女人之间的关系——这里的观点常常被视为男权至上——在进一步学习《社会契约论》的核心观点之前,这是爱弥儿作为成熟公民所必须接受的政治教育。

卢梭在《爱弥儿》中充分阐述了他最著名的观点:人生而为善,却被社会腐蚀。虽然他声称这部作品并不是真正的论述教育问题的实践性文章,而是一部哲学作品,但是他的观点显然已经影响了许多"进步教育"实践者,并与那些将孩子视为邪恶生物、需要加以矫正和压制的人形成鲜明对比。卢梭认为《爱弥儿》是自己最伟大的作品,我相信我们会在该书中发现许多深刻、精巧的观点。大约1762年末,卢梭写了一个简短的续集《爱弥儿与苏菲》。这篇文章描写了他的学生爱弥儿和妻子苏菲搬到巴黎后的生活:苏菲不忠,爱弥儿离开法国却被海盗所劫,成为阿尔及利亚统治者的奴隶,最后他凭借自己的才华担任这位统治者的顾问。从这里可以看出,卢梭承认,即使人类百般努力,也总会遭受一个又一个的毁灭性打击。

写作于1757—1758年的《道德信札》是为苏菲·乌德托(注意:不是爱弥儿的妻子)而作。从宽泛意义说,这些书信也可以被视为教育文献,虽然他没打算让它们成为教育指南,不过文中谆谆教导的语气确实像是《爱弥儿》讨论主题的回声。在这些信札中,卢梭强调遵从良心的重要性,这种内在的原则指引我们热爱美德和秩序。卢梭的这种观点与《信仰自白》的观点异曲同工。

## 辩驳性著作

《第一论》的出版引发了许多评论,卢梭有时谦虚而认真地回应它们,有时又带着愤怒和责备。不久以后,他最彻底的反驳文章问世了,其中值得一提的是写于1756年的《致伏尔泰——论天命》,该文为抨击伏尔泰的《论里斯本地震》而作。伏尔泰在诗中驳斥仁慈的上帝可以让数万人在地震中死于非命的观点,谴责了信奉神义论的浅薄的乐观主义者。卢梭撰文反驳伏尔泰,他指出,人们在对待生命中的幸运和不幸时总是忽略了根本原因,即存在于自身的甜蜜情感,对于天命秩序的相信应该出自内心情感而不是理性论证。[①] 时隔不久,达朗贝尔在给《大百科全书》撰写日内瓦词条时接受伏尔泰的劝告,在文章中增加了为当地建造剧院的建议。当时伏尔泰正居住于日内瓦城外,已经在自己的家乡建造了剧院,卢梭怀疑他想要建造一个更大的舞台。

看到伏尔泰的不良影响,卢梭动笔写作了最激烈的反驳文章《致达朗贝尔——论戏剧》。他在文章中争辩说,戏剧表演导致人们远离公共生活,不再参加社会庆祝,而那些活动正是维系真正的共和精神和实现社会公正所必需的;相反,在戏剧演出中,人们被囚禁于黑暗之中,炫耀着自己的华丽服饰,痴迷于预先设定的情感,丝毫没有道德责任感。像他的许多作品一样,卢梭在本文中阐述了真诚和忠诚对于维持公正人道的社会的必要性。我们大概很难相信观看戏剧会导致社会瓦解,不过同样的对于电视作用的争论在今天看来并不陌生。不管怎么说,我们从这次争论中看到卢梭对于公共庆典的重视,人们集合在一起共同举办庆祝活动,这对他们感受公民身份、形成文化传统具有重要意义。卢梭在论波兰和科西嘉的文章中再次强调了这一观

---

[①] 1755 年里斯本发生大地震,继而发生大火和海啸,造成数万人丧生。伏尔泰写作《论里斯本地震》,把灾难的责任归咎于上帝,他批评了当时欧洲流行的乐观主义的神义论。卢梭与伏尔泰观点不同,他认为要相信上帝的仁慈,人生遭受的苦难不可怪罪于上帝,这些困难虽有天灾,但是更多的是人祸。——译者注

点。

1762年《社会契约论》出版后遭到抨击。当年稍晚些时候,巴黎大主教克里斯托弗·博蒙写了一封牧函陈述抨击理由。这引发了卢梭的强烈还击,他要捍卫自己的作品,质疑那些判断的合法性。《驳克里斯托弗·博蒙大主教》发表于1763年,他说自己在所有作品中都一以贯之地坚持同样的基本原则,尤其是"人本性为善,但是被社会所腐蚀",所以他很难理解为什么仅在此时自己的学说遭到指责。他继续逐条反驳大主教的批评,展现它们逻辑的混乱,他坚持称,哪怕自己曾经犯错,也是公开而真诚,这并不是一种罪行。此外他还强调,要区分基督教信仰和教会顺从,前者承诺仁慈宽恕,后者只是让个人附属于某一特定教会或教士,导致残暴的冲突和谋杀,他的《信仰自白》中也有此种观点。

卢梭最后一篇辩驳文章发表于一年后(1764),是针对 J. R. 特农金的《乡间来信》而作,当时特农金在文中为日内瓦当局禁毁卢梭著作的行为辩护。卢梭的《山中来信》共有9篇(章),可以分为两个部分。在第一部分,他辩解了自己的观点,并质疑那些针对他的行为的正当性;在第二部分,他论证日内瓦的政治结构和政治进程已经背离了宪法原则,少数权贵集团掌控了主权和政治权力,而普通市民的自由权利和立法行为却遭到否定。卢梭此处的文笔尖锐凌厉,但是即便是那些想要以卢梭受到不公正对待的事例来指控日内瓦当局滥用权力的朋友们,也觉得这篇文章太感情用事、缺乏实际作用。不过我倒觉得这是一篇相当不错的反击对手的自辩文章,当然,由于它只与特定的冲突紧密相连，所以对于整体理解卢梭的思想作用有限。相比之下，对于达朗贝尔和博蒙大主教的反驳更具有广泛意义。

## 自传作品

在生命的最后 15 年中，卢梭写作了许多重要的自传、自我解释和辩护的文章，其中的《忏悔录》毫无疑问是一部伟大的著作。早在 1761 年，阿姆斯特丹的出版商马克·米歇尔·雷伊就催促他写作自传，这一建议最初并没落地生根。不过随后他开始做笔记、整理信件，事实上他的第一篇自传文章正是形成于此时，虽然这似乎与雷伊的建议没有太大关系。前面说过，卢梭正为《爱弥儿》的出版受阻而困扰，他认为自己陷入对手的阴谋诡计之中。最终卢梭的支持者、图书出版（审查）总监马尔泽尔布与他联系，使他缓解了紧张的情绪。几个月后，也就是 1762 年 1 月，卢梭接连给马尔泽尔布写了四封信，一方面向他表达感激之情，另一方面通过讲述早期的主要生活经历来解释自己的个性和行为，这些信件最初并没打算出版。在第一封信中，卢梭解释了自己为何远离喧嚣的城市而选择乡村隐居，因为只有在宁静的乡村他才能自由表达、才能远离那些虚伪造作的繁文缛节。在第二封信中，我们第一次看到卢梭对于万塞纳"灵感突现"的说明，他还谈到了当时头脑中涌现出来的许多想法。第三封信谈及他当时的思想状况和简单快乐的日常生活，他为实现梦寐以求的天性感到幸福不已。

在最后一封信中，他陈述自己如何看待人生的意义和价值。他一直在自己所有的著作中探寻全体人民的利益，他视所有人为与自己平等的同胞,所以他避免与人争吵,虽然只要在社会中生活就总会产生这样的问题。这些有趣的段落涉及许多论题,它们在后来的文章中得到了充分论述。

正如《致马尔泽尔布的信》没有在生前出版一样,他的另外三部更伟大的自传也没有在有生之年出版。卢梭在1764年之前就开始断断续续地写作《忏悔录》,直到1767年末才写完第一部分,这一部分以1741年到1742年卢梭到巴黎追求功名而结束;第二部分到1770年年中才完成,讲述了1742年到1765年的经历,展现了他忧郁的性格和不太如意的人生。由于我将在第7章用大量篇幅来讨论这部作品,所以此处仅做简短评述。这本书将一个人的性格形成、情感经历和离奇生活娓娓道来,以前从没有人如此写作自传。带着令人心痛的坦诚,卢梭既回忆了那些不光彩的往事,也呈现了壮美和欣喜的瞬间。他第一次遇见华伦夫人,他第一次在威尼斯经历情爱冒险,他的歌剧收获巨大赞誉,他对于苏菲·乌德托夫人无望的爱情,等等。他饱含深情地写下生命中的这些经历。这部记录天才的产生和人生旅程的传记引人注目,它成为浪漫主义自传的典范。

写作于1772年~1776年间的《卢梭批判让－雅克:对话录》是更自觉的自我辩护。这本书包括三篇对话,通过"卢梭"和"法国人"评价"让－雅克"(卢梭本人)的性格、行为和作品来展现他如何无数次地被人们误解和中伤。让－雅克质朴、直率,这使得其他人的虚伪暴露无遗,让他们恼羞成怒。虽然这部作品冗长、拖沓、充满妄想,不过还是具有不可忽视的作用,它包含了许多重要评论,比如:自爱的意义和特征,善良本性,以及卢梭对自己作品的评价。无论人们是否赞成本书展现了卢梭精神妄想的状态,我们都可以清楚地看到,卢梭完成本书时正陷入痛苦之中,他试图把文稿的副本藏到巴黎圣母院的祭坛中,在行动失败后他的精神濒于崩溃。

卢梭最后一部自我反思的作品是《一个孤独漫步者的遐想》,该书写作于1776—1778年,直到他去世都没有完成。卢梭采用了一种高度原创的文学样式,他将全书分为10个章节,每节都冠以"漫步"之名,以此展现他在巴黎城内郊外漫步时萦绕于脑海的回忆或遐想。在此框架内,他进行了一系列庞杂的反思,记录了自己的生活和观点,这里虽然有对丑陋的人类社会的敏锐观察,不过大多数时候充满了浪漫美好的情感。"漫步"包括许多内容:卢梭谈到最近经历的意外事件,他被一条名为大丹的狗所伤,后来竟然神奇地恢复了平和的心境;他对于诬陷玛丽蓉偷缎带的往事依然深感愧疚;他无愧于"把我的一生奉献给真理"的座右铭;他在静谧怡人的自然中恍惚出神……当他回忆第一次见到华伦夫人的情景时,作品戛然而止,那可能是他一生中最重要的时刻。尽管有人认为本书具有许多言外之意,不过它与《忏悔录》一起成为得以了解卢梭的作品,它值得广泛阅读。

有时,人们对于卢梭似乎永无止境的自我反省和辩护会感到厌倦,但是总体上说《一个孤独漫步者的遐想》是一部相当重要的作品,在他的所有成就中处于中心地位,是他狭义的"哲学"作品。

## 关于音乐和语言的论著

音乐和语言间的联系似乎颇为古怪,不过卢梭发现这两者有紧密联系。《论语言的起源》大约写作于 1753 年,后增补了许多年,但是一直没有完成。卢梭在这篇文章中提出,人类的第一次讲话是富有节奏、充满韵律的表达,唤起了人们的热情。他说,音乐的旋律类似于人的激情,但是追求形式和结构的和谐会限制激情的表达。在这种对比中,卢梭抨击法国占主流地位的拉莫的作品,为自己所支持的、富于旋律的意大利音乐辩护。我稍后再谈论这一点。只有在语言承担更广泛的交往作用、更少用于表达个人情感之后,词语才逐渐拥有固定的文字含义。理性观念取代内心情感,随之而来的是单调乏味的增加。在卢梭看来,这种表现在荒凉的北方地区越发迅速和明显,那里人们的首要需求是帮助而不是爱意,这与温暖、湿润的南方地区的优先选择截然相反。为了准确地表达诉求、提出要求,言辞变得尖刻唐突,语言变得更加清晰,卢梭成熟期作品的许多主题都体现了这一点:感觉具有优先地位,语言的精确性和复杂性并不是人类走向高级的标志,而是退化和背离最初美好状态的表现。

旋律至上的审美也体现在卢梭最重要的音乐论著《论法国音乐的信函》中,该文写作于 1753 年,与他最初写作《论语言的起源》属于同一时期。卢梭对于法国和意大利音乐的各自优点的争论贡献巨大。他说意大利语流畅婉转、发音清楚、富有共鸣,这些完美的旋律有利于表现美妙的音乐;至于法语则尖锐刺耳、音调扁平、枯燥无味,这种缺乏色彩和节奏的语言无法单独展现节奏,所以法国音乐以复杂和声为主。卢梭略带矛盾地总结:"法国人没有音乐,也不可能有音乐,或者,他们也许曾经有,不过那对他们来说是更糟糕的事情。"(OC V:328)可以想象,这种说法丝毫不会安抚法国音乐的支持者,据卢梭所说,《论法国音乐的信函》出版后引起轩然大波(C 8:358, OC I:384),它转移了人们对于路易十五决定解散巴黎议会后出现的早期反叛的注意力。

回顾卢梭的职业生涯,他的《新音乐记谱法》颇值得注意。1742年①8月他到达巴黎不久,便在巴黎科学院宣读了这种记谱法。他建议用线性数字排列代替标准乐谱,而且声称已经成功地教会学生使用这些符号。虽然记谱法一度吸引了崇拜者,但最后并没有形成重要影响,不过这在当时不容易看得出来。此外,卢梭在为狄德罗和达朗贝尔的《百科全书》撰写词条时多次涉足音乐题材,不久以后他把这些词条集结成册,再加上一些其他内容,在1767年出版了《音乐辞典》。这本书获得极大成功,为他最后几年的生活带来稳定的收入。

## 小说、各种散文和诗歌

卢梭最受欢迎的作品是1761年1月出版的小说《朱莉》(或《新爱洛伊丝》),它引起巨大轰动,到1800年时已经有70多个法语版本和30多种英文译本。人们热衷于阅读这部小说,大家口口相传,每个人都声称自己是或者知道某人是小说中的人物

---

① 原文误写为1752年。——译者注

原型。我在前文曾讲述过卢梭写作这部小说时的生活状况,此处不再赘述。

这部小说以书信体写成,包括女主人公朱莉、她的导师兼情人圣普乐、她的表妹兼朋友克莱尔以及朱莉的未婚夫沃尔玛男爵之间的通信。全书以一场危机开篇,圣普乐(朱莉的爸爸为她请来的家庭教师)承认爱上了朱莉。朱莉最开始非常震惊,随即拼命劝告他保持冷静、克制。朱莉一方面无法抗拒圣普乐的爱慕之情,陷入对他的依恋,另一方面又劝诫他摆脱愚蠢的激情。抛开无数细节,这本书的情节可以概括如下:圣普乐和朱莉终于相恋了,朱莉怀孕。她爸爸发现真相后勃然大怒并打了朱莉导致朱莉流产。朱莉的妈妈因震惊而染上致命疾病。朱莉深感罪责,她也病倒了,患上天花后导致毁容。圣普乐不得不随着爱德华·博姆斯顿大人离开,又随安森探险出海,他似乎永远地失去了朱莉。后来朱莉康复了,她对以往的行为忏悔不已,最终嫁给了拜伦·沃尔玛,也就是她爸爸最初想让她嫁的那个贵族。他们在克拉伦斯建造了一座模范庄园,与两个孩子、克莱尔(现在是一位寡妇)、克莱尔的女儿共同生活在一起。圣普乐回来了。沃尔玛,这位有点冷淡、克制又无所不知的庄园管理者,虽然知道圣普乐和朱莉之间的关系,依然决定聘请圣普乐做孩子们的家庭教师。他们在一起友好地生活了一段时间。当沃尔玛短暂外出时,朱莉和圣普乐去日内瓦湖划船,两人再次被困于当年他们饱受爱情折磨的地方,不过这回朱莉拒绝了圣普乐的再次表白,她似乎克服了年少时的不羁情感。朱莉在救了自己的一个溺水的孩子后罹患萎缩性肺炎,在她临终的日子里,终于承认自己从没有停止过对圣普乐的爱恋。这部小说以圣普乐、沃尔玛和克莱尔共同生活在一起结束,他们对朱莉圣洁的灵魂永远怀念。

人们对于如何看待这本书多有争论。有人认为这是一些不连贯的篇目,前4卷描写了许多炙热的私情,到了最后2卷又将这些真实的情感予以否定,朱莉把自己纯洁的生命奉献给沃尔玛。另一些人从本书中——尤其是从沃尔玛全面控制的克拉伦斯的环境中看到,在卢梭的认知中,不受控制的激情和不受约束的关系,既不能构成人类欢愉的恰当根基,也不能成为维持人类关系的纽带。

卢梭的其他文学作品再没有达到《朱莉》这样的影响。他有许多短诗,也有一些出于兴趣而写的戏剧,它们只针对专家学者(事实上,他们并没有兴趣),不过这里有两部作品值得注意。第一部是卢梭的戏剧《水仙》,这并不是由于戏剧本身重要(它本身微不足道),而是因为卢梭在1753年该书出版后所写的序言。1750年卢梭在《第一论》中指出艺术不利于道德建设,由此受到诸多指责,现在他要在《水仙》的序言中为自己受到的指控而辩护。那么,他如何推进自己的论述?他认为,首先,自己并不总是像现在这样思考,《第一论》是年轻时候的作品。第二,更重要的是,像巴黎这样的大城市的道德已经严重堕落,最好的方法是让人们转向无害的戏剧,以此来降低他们彼此伤害的可能性。前文已经提到卢梭论述戏剧的影响的长篇大论《致达朗贝尔——论戏剧》,下文第6章也会进一步分析这篇文章。无论他的戏剧获得成功还是遭到失败,都没有对卢梭造成影响,他坚持前行,他的精神从没有被渴望卓越而腐蚀。要知道,过度地评判艺术成就是否卓越,正是导致道德堕落的关键。最后要留意的是卢梭的古怪散文诗《以法莲山地的利未人》,这是他在1762年6月逃离巴黎的途中写下的。诗中重述了《士师记》第19—21章的恐怖故事,利未人的妾遭到杀害,由此导致便雅悯部族26000人遭到复仇性屠杀。有人可能认为,面对这残酷故事,卢梭想象的也许是对自己所受委屈而进行复仇的图景。不过对我来说,我确实无法理解为什么这首诗是卢梭自己最喜爱的作品。

## 音乐作品

卢梭著有大量音乐作品,其中包括脍炙人口的歌剧《乡村占卜师》。这首作品虽然用法语写成,其中却充满动人的乡村旋律,这说明卢梭以前批评法语,认为法语不适合音乐创作的观点是不正确的。音乐是卢梭最初醉心的事业,尽管他基本上是自学成才。在《乡村占卜师》之前,卢梭创作了风格不同的歌剧,包括《风流的缪斯》(1743—1745)和《拉米尔的节日》(节选自伏尔泰和拉莫的作品,1748),它们都曾经为国王演出。《乡村占卜师》是卢梭真正的成功,在枫丹白露的演出获得好评,其后占据了巴黎剧院的演出舞台。这部作品讲述了牧羊女科林特和牧羊人科林的曲折爱情。当科林将迷恋的目光投向庄园小姐后,科林特向乡村占卜师寻求帮助,让科林相信她也有了心上人。后来科林战胜了嫉妒,意识到科林特才是自己的真爱,于是重回她的怀抱。卢梭的音乐简单微妙而又富有旋律,摆脱了他一直轻视的复杂曲风。蓬帕杜夫人完全被这部歌剧迷住了,1753年她甚至在百丽维乡下的房子中举办私人演出,亲自扮演科林,这成为布歇和弗拉戈纳尔①描绘的场景。

## 植物学著作

卢梭写过一些植物学著作,虽然比例很小,不过也很引人注意。我们在前文看到,他非常喜欢搜集各种植物,分门别类地进行登记,他曾打算向朋友们展示这些成果。直到老年他都保持着这种爱好,常常从巴黎中心走到田间和森林里寻找植物。他对植物的兴趣最早萌发于1762年,当时他逃离巴黎,前往瑞士居住,打算写一本《植物学术语字典》(现在只剩残片)。甚至当他在英格兰最饱受精神疾病困扰的时候,他也常常到斯塔福德郡的住所周围搜集蕨类植物和苔藓。在他最后一次返回巴黎的时候,他再次写作关于植物的文章,1771年或1772年,他给一个朋友的孩子写了8封《初级植物通信》。在这些信件中,他把植物学习当成清楚准确地观察周围世界的方法,通过欣赏自然奇迹,可以平复贪婪的野心。他写道:"这纯粹是出于好奇心的学习,没有任何实际功用,只是一个善于思考的人对自然和宇宙奇迹的敏锐观察。"(《第七封信》,OC Ⅳ:1188)。这些作品直到卢梭去世都没有出版,1805年著名的玫瑰画家雷杜德偶然发现了它们,他为其绘制了精美插画,从而使这些作品制成漂亮版本出版。植物学文章虽然只是卢梭作品中的一小部分,不过他对植

---

① 布歇(1703—1770),法国画家,洛可可风格代表人物;弗拉戈纳尔(1732—1806),法国画家,布歇的学生。——译者注

物的喜爱正是他最迷人的原因之一。

## 通信,关于宗教和战争的文章

我曾说过,我们很难按事先准备好的条目对卢梭作品进行分类,在最后一组,我将讨论三种值得纪念但是又无法统一归类的文章。

首先要谈的是卢梭的通信。除了那些以公开信的形式出现的论辩作品(如《驳克里斯托弗·博蒙大主教》、《山中来信》),也不算他表明自己观点的信件(如《致伏尔泰——论天命》、《致马尔泽尔布》),卢梭还有大量的日常通信,他与朋友、咨询者、出版商、占卜者通信频繁,许多信件都保留了下来。R. A. 利搜集、整理这些信件,出版了《让-雅克·卢梭通信全集》,这是当代学术界的重要成果。通过这些信件,我们可以更全面地了解卢梭的生活和性格,这比那些经过刻意准备的自我辩驳和自我展示的文章更真实。卢梭在《忏悔录》中摘录了大量通信,1757 年 8 月的五封信件展现了他与埃皮奈夫人之间的伤害、抱怨、请求、绝望、和解、冒犯等。当时他和埃皮奈夫人的关系正走向破裂的边缘(C9:419 – 421,OCI:450 – 453)。另外一本包含卢梭信件的作品是大卫·休谟的《简要声明》,出版于 1766 年,在卢梭生前已经问世。休谟在书中详述了两人之间的争执,他引用卢梭的信件,指出卢梭基于假想对自己进行攻击,对此进行了反驳。毫无疑问休谟完全正确,卢梭的信中饱含巨大的痛苦,令人难以阅读。

第二,虽然卢梭没有在单独文本中详细论述过自己对于宗教的观点,不过将他的宗教主题作品汇集在一起还是非常有意义的。我们最先想到的就是《爱弥儿》第4卷中的《一个萨瓦省神甫的信仰自白》(以下简称《信仰自白》),卢梭在文中讨论了个人宗教信仰的基础和特征。另外,他在《社会契约论》第4卷第8章分析了宗教信仰的地位以及稳定、仁爱的公民社会中的宗教机构。1756年的《致伏尔泰——论天命》包含了卢梭对于上帝治理人类的观点。

卢梭在《信仰自白》中虚构了一个萨瓦省的神甫(基于他早年认识的两个神甫而创作),卢梭借他之口说出了自己的宗教观点,比如宗教信仰的基础、上帝的本质、上帝与其创造物之间的关系、宗教信仰与道德之间的关系。前文已经数次提到,正是这段内容使《爱弥儿》和卢梭受到教廷抨击,因为卢梭在文中概括了自然宗教的形式,并强烈谴责教会对非信徒的严苛迫害,这与基督教教义相违背,这段话直指人心,体现了爱与宽恕。

在《社会契约论》的"公民宗教"一节(第4卷第8章),卢梭依然认为,全体公民都应该遵从"公民信仰",该信仰的主要宗旨是禁止宗教不宽容和其他形式的不宽容。卢梭同意宗教忠诚是行动最重要的动力之一,这就需要思考宗教忠诚如何与公正的政体相容,以便促进政治体的稳定繁荣。这一问题的实质是,没有人能侍奉两个主人,如果教会建立了一个与世俗权力相冲突的独立权威,那么好的情况是,信徒只是三心二意地服从世俗秩序;坏的情况则是,他们有相当正当的理由去藐视或颠覆国家的法律。卢梭的这些观点无疑是正确的,我将在第6章进一步阐述这些问题,并在第4章分析《信仰自白》文本。

第三,卢梭不时关注的另一个主题是战争的性质和战争的正当性,虽然这类文章范围很窄,影响也不算大,但是影响力却相当持久。卢梭反对霍布斯所说的自然状态是"一切人反对一切人的战争状态"。在卢梭看来,人类从本性上看是胆怯且热爱和平的,即使他们陷入争斗,也不能被称为战争,因为战争不是发生在个人之间,而是发生在国与国之间,由代表国家的战士进行,在战争中"个人只是偶然地成为敌人,既不是自然人,甚至也不是公民,而是战士"(SC 1:4, OC Ⅲ:357)。一旦那些处于战斗状态的人相遇,既不意味着他们抛弃了其他人性要求和道德关系,也不意味着他们将和另一个国家的所有成员进行战斗。直到最近,前文提到的美国学者格蕾丝·罗斯福发现了卢梭的原始手稿,卢梭关于战争状态的观点才得到清楚阐释。

以上是对于卢梭所有涉猎领域的粗略概括。在结束本章内容之前,我将再一次论述引言中介绍的那些核心观点,以便为接下来几章的分析指明方向、提供重点。

## 重要主题和核心观点

我在引言中曾强调,对于卢梭思想进行"确定的"论述并非易事。不过我相信,我所突出的主题包含了卢梭著作中最深邃、最具影响力的内容,这正是我持续关注这些主题的原因。我将扩展第1章中勾勒的研究草图,以便在进行更深入讨论之前指明总体方向,因为那些论证过程可能会让人迷失整体方向。为了更好地说明卢梭如何整合观点、支撑论证,我一共确定了五个主题,首先将从他早期的成熟作品谈起,尤其是《论科学与艺术》和《论人类不平等的起源》,这两篇文章体现了他对文明的罪恶的论述。

### 批评文明人

卢梭非常厌恶巴黎周遭的生活和当时法国的社会氛围——虽然这种社会被普遍视为精致、高级、文明,而且并不为法国所独有。不过他的批评并不是只适用于一时一地,而是为我们提供了许多反思社会的基础,这其中就包括我们自己所处的社会,同时他还给我们提供了批评权力的视角。

卢梭最憎恶的是遍及社会的人与人之间的巨大不平等:财富、地位、权力、声望、影响力等。他目睹了太多的弱者受到歧视的情况,人们被迫陷入贫穷,沦为边缘人,失去尊严的人们只能依靠朝不保夕的社会救济或侥幸而得的财富来勉强苟活。同为一国之内的成员,却有成千上万的人无法得到同胞的承认。这种非人道的社会是如何形成的?对卢梭来说,关键原因是自尊心带来的欲望。我们有必要分析卢梭语境中"自尊心"的准确含义,按照本意,我将自尊心解释为"希望或需要他人的认同,获得他人从心里到行动上的认可"。在卢梭看来,这种渴望具有进攻性和竞争性特征,人们喜欢高人一等,唯有如此才觉得自己获得了应有的认可,他们在别人的耻辱落魄中享受自己的优势地位,并以此作为"上等阶层"的标志。通过论述,卢梭指明了不平等产生和得以维持的原因,它只是为了满足人们在社会中感觉自己重要性的渴望,统治与服从成为社会结构和人际关系的关键标志。以后我们也会看到自尊心的积极作用,不过在卢梭早期写作中,他最关心的是自尊心的负面影响。

卢梭不仅仅试图揭示这种不平等的起源,他更要指出由此而产生的严重后果。对于那些被侮辱的、被忽略的、被剥夺的人来说,这一点是不言自明的;不过,对于那些拥有财富和声望的成功人士来说,又会有哪些后果呢?卢梭认为,这些人将自己人生的意义和价值交付他人判断。这似乎意味着,他们事实上由凌驾于自己之上的人来操控,无法拥有自己的人生,也无法决定自己行为的价值,他们只能由别人决定。在此种情况下,他们沦落为他人的奴隶,屈从于别人的安排。名人的起落兴衰最能说明这一情形。

以上这些问题是卢梭探讨社会权力关系的中心议题,他是社会疾病的清醒诊断者。可以说,他一直关注人与人之间的权力不平等,不仅试图解释不平等的产生原因和恶劣后果,而且希望找出个人与社会的正常存在模式,在这里,平等、互助取代了艳羡、荣耀,人们过上幸福安宁的生活,这显然是他的社会政治理论富有建设性的内容。不过在进一步讨论这个问题之前,我们要看看他对"自然人"(natural man)和"善良本性"(natural goodness)的积极评价,这显然是对批评文明社会的补充。

## 自然人和善良本性

如果文明的进步腐蚀了人类,导致人们彼此疏远、对他人的苦难幸灾乐祸,那么除了逃离社会或是用进入文明社会之前的自然人来重新改造生活，我们还能有什么更好的解决办法？卢梭显然被视为这种反历史进程的拥护者。印度"高贵的野蛮人"（尽管这个词不是卢梭自己使用）过着简单的生活，他们自给自足，不依靠他人而生活，不为是否领先于他人而困扰，不为未来会发生什么而担忧，这种原始的天真平静生活似乎成为保留人们天性的替代性选择。与文明社会悲惨、压抑的生活比起来，毫无疑问，卢梭看到了这种生活方式的价值。不过我认为，如果以为这就是卢梭针对文明堕落提出的"解决方案"，那是错误的，这似乎意味着我们能够而且应该返回到蒙昧状态，我们要放弃人文素质，把自己变成一个懵懂无知的生物。而卢梭的用意是，寻找到一种良好的人际关系基础，它非但不会扭曲和扼杀人们对完美生活的向往、对他人的认可的渴望，相反，它有助于实现每个人以及全体成员的共同追求。事实上他并不认为在社会中自然不复存在，对他来说，"自然"并不意味着未经人类活动触及的地域，而是指那些有助于保障人类福祉、增进人类幸福的地方。只是因为在卢梭眼中，人类的活动常常导致不当干涉，所以将"自然"和不受人类影响的事物等同起来似乎又是恰当的，不过这并不是一个必要条件。

与之相关的是卢梭对于"善良本性"的论述。卢梭因此观点而闻名，这包含许多略有不同的表述，即人在本质上是善的，只是被社会所腐蚀。我已经提示过，这句警世之言的后半句是说，无论什么社会，都有腐蚀的危险。不过我们该如何理解"人类本性为善"的论述？批评者常说，卢梭天真地以为，如果不是受到压迫，人们将善良、友好、和平相处。但是头脑清醒的人认为这绝非真相,既然指责总是指向其他人,那就免除了个人对自己的邪恶意图和行为承担责任。

不过这根本不是卢梭的论点。首先,他严谨而细致地指出,邪恶的根源在于外界对于个人的影响,这并不是毫无根据的猜想,而是来自认真的分析。第二,在人类善良本性的总标题下,他讨论许多不同情况。比如,他进行了对比,一方面是自发的、无须思考的关爱和慷慨,另一方面是有意识的、谨慎沉思的、孜孜不倦的追求。他也目光敏锐地指出道德的局限性:道德只关注责任、义务和要求,这些强制性规定却适得其反地产生了其本想纠正的邪恶。相反,卢梭认为怜悯是人们形成道德联盟的更仁爱、更有效的基础。所以,尽管卢梭的关注点是人的本性,我们还是要谨慎阐述他的思想,避免刻板论述。

我已经在这几节中指出,卢梭的核心关切并不是一个人能否与他人共同生活、工作,而是人们以何种基础进行联合?联合的条款有何特征?联合的条件又是什么?他的政治著作充分体现了这些思考。

## 政治合法性的基础和公意

国家机构显然是社会的权力中心,负责制定和实施法律。卢梭感兴趣的是,如何能让政治权力的拥有和行使具有合法性,使其对国家中的全体公民有利,而不是只有少数人享有特权。对于这个问题,下面这句话也许最好地体现了他的基本观点:"服从法律的人们应该是法律的创作者。"(SC Ⅱ:6,212;OC Ⅲ:380)关于这个问题的确切含义将在下文第5章讨论。

对卢梭来说，主权者是国家的最终权威，除此以外别无他者。主权者为共同体制定基本法，他要确保共同体中的全体成年成员拥有程序性的和基础性的平等。如此一来，在共同体法律的安排下，所有公民就具有了平等地位，同时社会中权力和地位的不平等在一开始就得以排除。用卢梭自己的话来说，社会中每一位成员都是"全体不可分割的一部分"（SC Ⅰ:6, OC Ⅲ: 361），他们作为社会共同体的平等参与者得到了认可和支持。主权者通过行使自己的意志——也就是来自全体成员的"公意"，来向所有人宣告基本规则。公意是一个复杂概念，其具体含义仍存在普遍争论，不过宽泛说来，公意以公共利益为依归，并通过法律来实现这一目的。卢梭严格区分了主权者和政府，前者是基础，后者只不过是主权者的执行人，政府关注法律如何适用于具体的情况和个人。卢梭意识到，政府成员作为一个团体会拥有大量权力，可能包含与公共利益相冲突的部门利益，所以他试图提出解决方案，以减少类似事件的发生。他强调，无论何时政府都从属于主权者，只享有被授予的权力。也许令人感到奇怪的是，卢梭根本不关心直接民主制，可能出于实践原因，他偏爱的是选举贵族制，也就是所谓的"代表制"民主。无论怎样，他的目标都始终如一：每一位公民都应该享有包括地位、尊严、物质支持在内的基本平等。在卢梭看来，这是任何公正、仁慈的社会必须建立的原则，唯有如此，人的基本价值才能在公民社会中得到承认和实现，同时，平等承认和平等地位也要求公民享有自由并由彼此忠诚的纽带所维系。我们会在下一节看到卢梭如何整合这些分散的要素。

## 自由、友爱、平等

对卢梭来说,享受自由是人之为人的标志。"拒绝自由就是拒绝为人。"(SC Ⅰ,4:170,OC Ⅲ:356)这很容易让人过快地推论他的含义,而我们需要仔细把握他的想法。比如,有人认为,充分享受自由就意味着你有能力和机会在任何时候做你想做的事情,而根本无须考虑其他人。如果这就是完美的自由,那么它如何与遵守法律相统一?遵守法律要求承认他人的权利并约束自己的行为,这些内容在这种自由中都很难看到。不过卢梭并没有赞成完全不受约束的自由,在他看来,这种自由只会导致争夺支配地位和追求胜过他人。前面说过,如此运用自由,最终后果是以各种直接或间接的方式奴役他人。反之,遵从法律可以让人免于对他人的依从,同时也能让人享受有保障的自由,这与他人所享有的自由是相容的。所以,承认他人的要求和权利是法律的基础规定,这应该被视为免于恶性竞争、保护自由的条件,而不是对自由的限制。

卢梭承认,与妄想的不受限制的自由相比,他所说的"严苛法律"的自由(GP Ⅵ:196,OC Ⅲ:974)并不那么吸引人,只有形成社会联盟,使得他人的福祉就像自己的福祉一样,人们才会接受法律的限制,此时人们感受到的不是束缚,而是达成自己的目标和意愿。尽管这不是卢梭使用的词汇,不过这种观点常常体现在以友爱精神联合的社会中,最著名的体现就是法国大革命。卢梭在许多方面发展了这一观念,也许最有问题的是他所说的准神的"立法者"。"立法者"能够重塑民众性格,带领人们摆脱狭隘的利己主义,引导他们走向联合。毫不意外的是,他在其他文章中强调了由国家的共同荣耀、共同历史和共同命运而产生的情感联系,现在我对此问题进行简短论述。

## 文化和宗教

如刚才所说,在卢梭看来,如果人们将对所有人都有利的善法作为自己意志的原则,而不是将其视为对任意而为的自由的限制,那么与其他人共同生活在一起、具有共同的情感就是必要的,只是这种共同生活从何而来?又如何培养和维持?卢梭在解决这个问题时将爱国主义放在首位,他经常诉诸人们对国家的独特历史所具有的认同感,这就为不同利益和情感的人建立共同体提供了基础。我们很容易忽视,国家的扩张野心和压迫其他民族文化的欲望,常常带来巨大的冲突和人员伤亡。不过,一方面应该强调的是卢梭根本没有兴趣推动这种国家主张。他认为每一个国家都可以做得很好,它们可以自足、独立于其他国家,避免因依赖而产生冲突;另一方面,卢梭仔细考察了这些问题,他认为遵守法律不仅仅出于理性的同意或是害怕惩罚,而是需要教育和培养人们发展出适当的性情。当我面对一群陌生人或是对我来说不重要的人时,我很难像维护自己的利益一样为了维护他们的利益而有所行动,只有当他们是我的"同胞"不再是一个空洞的词汇,我才能看到并感受到如此行动的价值。为了形成这一观念,培养鲜活的社会情感、维护共同生活的习俗一定是相当重要的。

我们知道,在实践中许多社会的共同体意识非常有限,一些局部利益总是寻求自己的支配性地位,无视或剥夺其他团体的利益,在这些例子中,共同体成员感情淡漠,甚至一些人被另一些人所奴役。如我们所见,卢梭对于这一点非常清楚,他的观点是,如果共同体不是徒有其名,而是出于自然而建,那么就需要维系共同体的纽带,它促使人们共享习俗、彼此忠诚。

正是出于对社会成员的联系纽带的关注,卢梭开始反思宗教在社会中的地位。他清楚地知道强有力的宗教情感会塑造人们的生活,同时也会导致暴力和流血冲突。与他惯常的做法一致,他认为,当宗教涉及公共行为时,信徒们应该严格维护和遵守社会基本法律,尊重所有人的权利,只要没有人认为自己独特的宗教信仰使得自己凌驾于法律和主权之上,那么信仰崇拜就是个人的事。这种观点显然毫无争议,卢梭的主旨就是以法律维护社会团结、致力于共同的善,这当然是恰当的方式。

## 结论和展望

上小节作为一个整体,试图指明卢梭思考的方向,同时阐述他的一些观点。在接下来的章节中,我将丰富对这些问题的讨论,这样到全书结尾时,我们就能获得完整而又公允的对卢梭观点的评价。我首先分析三篇文章——《论自然与艺术》、《论人类不平等的起源》、《论政治经济》,在这些文章中(尤其是前两篇),我们会看到卢梭对于文明堕落的详细讨论,也会看到他开始寻找治愈社会疾病的方法。

## 拓展阅读

Maurice Cranston, *Jean-Jacques: The Early Life and Work of Jean-Jacques Rousseau*, 1712—1754。London: Allen Lane, 1983。

Maurice Cranston, *The Noble Savage: Jean-Jacques Rousseau*, 1754—1762。London: Allen Lane, 1991。

Maurice Cranston, *The Solitary Self: Jean-Jacques Rousseau in Exile and Adversity*。London: Allen Lane, 1997, completed by Sanford Lakoff。这三卷著作是卢梭最有趣、最重要的传记。

Jean Guéhenno, *Jean-Jacques Rousseau*, tr. J. and D. Weightman, 2 vols。London: Routledge, 1966。利用卢梭的通信而写成的引人入胜的传记。

L. G. Crocker, *Jean-Jacques Rousseau: The Quest* (1712—1758)。New York: Macmillan, 1968。

L. G. Crocker, *Jean-Jacques Rousseau: The Prophetic Voice* (1758—1778)。New York: Macmillan, 1973。另一部全面的卢梭传记,不过有点敌意。

James Miller, *Rousseau - Dreamer of Democracy*。New Haven: Yale University Press, 1984。结合卢梭生平和作品的研究。

C. W. Hendel, *Jean-Jacques Rousseau: Moralist*, 2 vols。New York: Bobbs-Merrill, 1934。对于卢梭生活和作品的完整、严谨的论述。

Timothy O'Hagan, *Rousseau*。London: Routledge, 1999。对卢梭作品全方位的细致论述。

Helena Rosenblatt, *Rousseau and Geneva*。Cambridge: Cambridge University Press, 1997。讲述卢梭在日内瓦的时光。

# 第三章　卢梭"三论"

## 本章主旨

本章旨在呈现和评价卢梭在"三论"中提出和讨论的观点。所谓"三论"指以下三篇文章:《论科学与艺术》(DSA)通常被称为《第一论》,写于1750年;《论不平等的起源》(DI)即《第二论》,写于1755年;《论政治经济》(DPE)是《第三论》,最初写于1755年,是给狄德罗和达朗贝尔编著的《大百科全书》写作的词条,后来在1758年单独出版。我将围绕前一章提及的重要主题来介绍"三论"的核心观点,因为它们在卢梭思想中占有中心地位。比如《第一论》和《第二论》对文明人堕落原因的分析,深化了关于自然人和本性善的讨论,《第三论》概述了政治合法性基础、文化和爱国主义对公民塑造的作用。通过上述文章,我们能更全面地理解卢梭思想的特征和魄力,并开始了解他的论证方法。虽然更多的问题需要留待后续章节的讨论,不过"三论"会带领我们快速领会卢梭的核心思想。

## 《第一论》

《论科学与艺术》是一篇只有12000余字的小短文,既包括文章自身的有趣讨论,也包括许多思想萌芽,它们在卢梭后来的作品中结出丰硕果实。文章是为回答第戎科学院面对"科学与艺术的复兴是否有助于道德净化"的疑惑的提问而作。全文分为两部分:第一部分提出问题,高度发展的艺术和科学给人们带来巨大利益的同时,是否能提高社会道德水平?卢梭断言不可能。第二部分承袭第一部分的观点,试图解释发达的科学艺术为什么以及如何败坏道德。这只是卢梭论证的表层结构,接下来我们将看到贯穿全文的复杂思路。

他开篇评价自己所处时代的道德风貌,尽管看似繁荣、尊重传统,却实则道德败坏、虚假横行:

> 现在流行的风气是屈从与虚伪相吻合……处处要讲礼貌,要举止端庄,要合乎礼仪规范,要遵守时尚规则,我们必须恪守这些规矩,绝不能由着自己的天性行事。(DSA 6, OCⅢ:8)

卢梭继续写道,拜社会和礼仪所要求的表面光鲜所赐,我们

从不知道人们的真实面目如何,也不知道他们的真实性格和行为可能是什么样:

> 人与人之间纯真的友谊没有了,诚挚的敬爱没有了,深厚的信任也没有了。嫉妒、猜疑、恐惧、冷酷、缄默、仇恨、谎言一直隐藏在礼貌的堂皇礼服和虚伪的面纱之下,人们自诩为坦率文雅,这就是我们所引以为傲的这个时代的启蒙精神。(DSA 7,OC Ⅲ:8-9)

为了与这种虚伪的都市文明对比,卢梭指出真正的美德和高尚的道德存在于"自由、公正、遵守法律"的社会中(DSA 12, OC Ⅲ:14)。

卢梭说,这种虚假的道德净化与培养品味、增长知识相伴,或者至少伴随着对品味的炫耀、对知识的赞美,这是到目前为止他做出的最强烈的批评。他在《第一论》的开篇曾经提及:"艺术、文学和科学……扼杀了人类与生俱来的感受自由的能力,导致他们喜欢自己的奴役状态,使他们变成所谓的'文明人'。"(DSA:Ⅲ4-5;OC Ⅲ)不过他没有对这一观点给出明确解释。他继续说,人们装模作样而不是不加矫饰地生活,不仅法国如此,埃及、希腊、罗马、小亚细亚以及中国都是如此,在最后一个例子中他写道:

> 如果科学能改善我们的道德,如果它能鼓舞我们的士气、教导我们为国家的利益而舍弃自己的生活,那么中国人

早就成为睿智、自由、不可战胜的人民了……但是……这个国家又能从那些满是荣誉的饱学之士身上获得什么好处？它难道不是一个充斥着坏人和奴隶的民族吗？（DSA 9, OC Ⅲ:11）

我们应该注意，在这段文字中，卢梭并不反对科学知识和精湛艺术，而是反对人们将时间精力耗费于此，从而导致对诚实正直的品格和社会公益漠不关心，所以他认为科学和艺术不会推动社会道德进步。接下来他将进一步论证，人们在进行科学艺术创作的过程中，会被自己获得的荣誉腐蚀，沦为追求虚假的科学和虚伪的艺术创作。

注意到艺术和道德之间的相关性，并不意味着发现两者的稳定联系，单从一个现象出发，我们很难说精致的艺术是否真会导致道德堕落，也许这一联系仅仅是巧合，再也许是出于其他不为人知的原因。卢梭在第二部分开始回答这一问题。他认为科学和艺术的进步是复杂的个人和社会现象，由多种动机和利益促成，一旦形成，又反过来对社会进程产生多样影响。他不觉得探究科学的人是毫无私心地追求真理，他要揭露那些可疑的利益，即在某一领域取得巨大成就而给人们带来的表现和满足。一旦知识意味着荣誉和尊重，人们就会将学术生命当成个人获取威望和声誉的途径。他们提出观点、得出结论仅仅是为了引人注意和获得称赞，而不管这一问题多么脱离实际、不负责任：

我们不问一本书是否有用，而只看它是否写得花哨。

聪明机智的人获得了丰厚的回报,敦厚有德的人却不受重视。夸夸其谈的讨论得到成百上千的奖励,而品德良好的行为却没有任何回报。(DSA 24,OCⅢ:25)

或者:

这帮爱摇唇鼓舌的人四处游荡,到处宣扬他们的奇谈怪论,破坏我们的信仰,败坏人们的道德……这些放荡不羁的行为,哪一个不是因狂热追求独特性而导致的!(DSA 17,OC Ⅲ:19)

在卢梭看来,这种普遍存在的情况使那些既没有心性也没有能力去学习的人居然开始倾心于学术,而这无论是对他们自己、还是对别人来说都没有任何好处。只有培根、笛卡尔和牛顿这样的人才是真正的天才,他们的成就"代表了人类理解力的巅峰"(DSA 28,OCⅢ:29)。卢梭说,即使没有溢美之词或显赫威望,他们也会取得巨大成就,倘若他们真正拥有天赋,那么在面对困难时就会越挫越勇直至完美绽放。这正是卢梭不曾贬低的学术,也是他称赞的人类思想。但是当时虚假学问层出不穷,追求个人荣誉、希望获得称赞是人们做出此种行为的真正动机。

奢靡慵懒导致虚假浮夸盛行,另外,渴望个人尊荣、艳羡他人成就、自诩为专家也是世风日下不可或缺的因素,这就是卢梭的主要观点。所以说,事实上并不是知识进步导致了道德堕落,而是追求奢华繁复的表面价值带来了不良后果,这消解了人们对于真正善的向往和尊重(比如 DAS 15,17,OC Ⅲ:17,19)。

卢梭的这一观点值得仔细分析。除了前文提到的极少数天才,大多数人自然愿意将时间、精力投入到能给自己带来价值、快乐和荣耀的生活方式中。卢梭认为,人们看重的是自己声望卓著、出人头地,至于他人只不过是无足轻重的渺小存在。只有当聪明睿智受到格外赞赏时,知识和艺术的成就才能产生此种声望;只有当人们有闲暇沉溺于这些耗费精力的工作时,他们才会称赞智慧。不过事情远不止于此。在卢梭看来,"狂热地追求独特性"具有强大破坏力,这导致人们创制标准去划分不同的品质和美德,并坚持以此来建立长幼强弱的秩序,而这一切仅仅是为了让某人、某个团体或某种"学派"感到自己尤为出众,可以蔑视或诋毁他人。除此以外,这些划分标准没有任何根据或作用,它们只能创造忠顺之人、抛弃自命不凡之人,只能制造尊敬和蔑视的社会隔阂,以此来维护"圈内人"和"圈外人"的把戏。事实上,任何特别的成就都是无关紧要的,人们需要的只不过是把它当作值得称赞的事物,这样一来就可以收获赞扬、蔑视其他。这就是上流社会所进行的虚幻娱乐。

卢梭在不同场合讨论虚假表现,比如矫揉造作、流行时尚、名利地位,或仅仅是"想象的"出众。他也讨论这些观点的对立面,比如纯真和诚实,这是卢梭思想的核心。我们在《第一论》中只能看到一系列概念的轮廓,在后来的作品中他会深化这些概念。以追求声望为基础的卓越会带来严重后果,既然卓越建立于吸引注意力、关注自己、疏远他人的基础上,那么每次令人激动的赞美都会被他人的看法所主导。个人的意义完全来自他人的评判,如果别人找到了其他喜爱的对象,个人生命中对于善的自我认知就消失了,那些将自我价值建立于此种"卓越"的人,失去了对生活的掌控,他的成功与失败都取决于他人变化不定的称赞或是随时出现的改弦更张。这是卢梭后来进一步论述的内容,在《第一论》中我们只能看到一丝端倪。

还有一点值得注意。卢梭认为,渴望卓越并不是一小部分人的愿望,而是人们的普遍追求。可是从本质上说,只有少数人才拥有卓越品质,这就意味着许多人只能是处于顺从的地位,甚至更多的人处于耻辱的状态。这就导致卓越的成就常常处于不稳定的状态,那些被侮辱的人会心生不满,他们被嫉妒吞噬,仇恨那些拥有自己求之不得的荣誉的人,他们会动用所有身边的资源——嘲讽、诽谤或其他形式的中伤,来无休止地攻击那些享有尊荣的人。如此一来,社会中到处是恶意造谣和心怀不满的人(想想前文的引述),尽管他们攻击和反攻击的争斗一定是秘而不宣的。

总之,卢梭主张(尚未深入论证),对个人卓越的追求表面上促进了所谓的科学和艺术的发展,其结果却是,人们只粗略计算了这些进步会带来何种利益,至于它们到底带来何种后果则被忽略了。问题的关键是人们要获得称赞,这就意味着个人成功与否、生活有无价值都取决于他人的判断。所以优先权导致人际关系间充满了竞争、怨恨,人们既希望贬损他人,又害怕自己蒙羞。

这是一幅昏暗的甚至是梦魇般的人类生活场景。不过在我看来,这是富有洞察力的描述,时至今日我们只能窥见其最初轮廊。我相信,通过时尚、电影、流行音乐、电视以及文学作品而反映出的社会,显示了卢梭对于未来发展的估计是多么敏锐。尽管《第一论》很少提到我们该如何做,不过卢梭确实说过,我们能摆脱这些扭曲的价值,也能摆脱他人判断对我们生活的掌控。这是我们从文中概括出的最重要的主题,我们以后会看到他的进一步思考,比如我们该如何解决这一问题、何种生活方式更值得追求。

卢梭的论文获得第戎科学院的奖励,这一巨大的荣誉为他遮挡了不少风雨。许多针对他的批评见诸报端,卢梭选择了一些言论进行反驳。我将挑选一两条重要的论战进行分析,同时也会从戏剧《水仙》的前言中抽取部分内容进行讨论。前文第2章说过,这段内容与《第一论》及其辩驳紧密相关。

卢梭的回应反复强调两点:第一,他并不认为随科学和艺术而来的声望是造成道德堕落的唯一原因,如果我们重回无知状态,就立刻会变得道德高尚。他一直坚持是多种因素导致道德败坏:

人类有成百上千种堕落的根源,虽然科学可能是其中最彻底和迅速的,但是并不是唯一的因素。(前言:G96 注释;OC Ⅱ :964 注释;也可见于 G55,OC Ⅲ :63)

无知并不一定会产生美德,它最多是必要条件而绝非充分条件。卢梭也说,想要重建已经失去的道德并非易事,这就引出了我想讨论的第二点问题。

果然不出所料，有人批评卢梭，说他一方面贬低艺术，一方面又进行戏剧、乐谱和歌剧创作，如果不是一个伪君子，他又为何会从事自己所公开指责的那些弊端？卢梭回答说，人们一旦堕落，最好的办法就是转向娱乐和艺术创作。这有两个好处，其一，可以避免他们做更多的坏事；其二，哪怕优雅精致是虚假的，个人在追求卓越过程中形成的艺术修养，也会产生"一种相当温和的道德，它能够弥补人们缺失的纯真，这种表面的秩序防止了可怕的混乱"（前言：G 注释 103 – 104；OC Ⅱ：注释 971 – 972）。这可能让人感觉卢梭的反驳没那么充分有力。

让我们总结一下卢梭《第一论》中的核心要点。在这篇文章里我们读到了一系列还不太完善的观点，他在后来的成熟作品中进一步发展了这些内容。这些观点有：尽管人们表面谦和有礼，但是当时的社会和道德都深陷堕落；真正的德行绝少获得尊重，沽名钓誉的贡献却常常获得称赞；慵懒奢靡、渴望名声导致人们彼此憎恶；追名逐利成为人生的意义，他人的看法主宰了自己的生活；这些象征桂冠的成就只不过是虚假的荣耀，其意义只在于让声名显赫和默默无闻的划分成为可能；在社会和个人谦谦有礼的面具之下，掩藏的是弥漫于人与人之间的敌意、嫉妒、蔑视、憎恶，每一个人都希望将他人踩到脚下。

这篇短文无法承载更多关于病态社会和人类自身的详细分析，我们可以将这篇文章视为卢梭公开反对有害智慧的演练。他在《第二论》中将进一步严肃讨论这些问题，那篇文章充分展现了他的才华，我现在转而介绍此文。

## 《第二论》

像《第一论》一样,《第二论》也是为第戎科学院的有奖征文而作,不过这次他没有获奖。《第二论》是他的代表作之一,极富洞见。克兰斯顿评论道:

> 在不到一百页的篇幅中,卢梭勾勒出人类进化的理论,这预示着达尔文的发现;他彻底改变了人类学和语言学的研究方向,他对政治思想和社会思想具有奠基性贡献。即使他的论证很难被读者完全理解,它还是改变了人们思考自身和所处世界的思维方式,甚至改变了人们的感觉方式。
> (Cranston,引言:29)

征文题目是"人类不平等的起源是什么?这一现象是否为自然法认可?"1754年6月卢梭完成此文并撰写致日内瓦共和国的长献词。在此期间他返回日内瓦,宣布放弃天主教信仰、重获日内瓦公民权。1728年他皈依天主教的行为曾导致他丧失这一系列权利。《第二论》终于在1755年由卢梭的长期出版商、老朋友兼资助人马克·米歇尔·雷伊出版。本书一经出版就收到极大好评,不过卢梭没有过多参与随之而来的争论。《第二论》除了深化《第一论》中简略呈现的若干观点,还初步提出了卢梭最著名的论断之一:自然人本性上是"高贵的野蛮人"——我相信人们常常误解他的本意。另外,卢梭还详细描述了人类的转变,随着定居城市、掌控社会,人们变得道德堕落、被文明腐蚀。

卢梭在《第二论》序言中指出,为了认识不平等的起源,我们需要:

> 从认识人类开始……如果看不到时空流转中人的本质发生的变化,人们怎么能了解产生之初的自然人是什么样子?怎么能区分什么是人的固有本性、什么是随着环境发展而带来的后天改变呢?(DI 43, OC Ⅲ:122)

在这个最激荡人心之一的段落里他继续写道:

> 就像格劳科斯的塑像,随着时间、海浪、狂风暴雨的侵蚀,它看起来已经像一头野兽而不是一尊海神。人类灵魂也是如此,在社会环境的重重包围中,有成百上千种原因的影响,有许多知识也有许多谬误,有身体的持续变化也有欲望的不断冲动,可以说,人类灵魂的原貌已经难以辨认了。(Ibid)

卢梭此处触及一个深刻的主题。尽管许多哲学家倾向于假定人的能力和气质是相对固定的,不过在不同的环境中很容易展现不同的自己;卢梭却认为,在人类历史中,自我理解的特征、人们交往的基础、理解世界的方式,都能够而且确实经历了根本性改变。正是在此意义上,克兰斯顿认为卢梭勾勒出了人类进化的理论。卢梭进一步认为,大多数哲学家不但误读了人的本性,也误读了人的认知、态度、倾向等一系列推理能力,要知道那些哲学家所说的能力只能来自人类社会:"当他们讨论原始人时,实际上描述的是社会人。"(DI 50,OC Ⅲ:132)他承认想要消除这些误解、认清自然人在自然状态下具有何种本性并非易事。卢梭强调说,他的观点"不应该被当成历史事实,而仅仅是有条件的假设性推论;与其说是断言人类源头的真实情况,不如说意在解释它们的本质"(DI 50,OC Ⅲ:133)。不得不说卢梭确实没兴趣考虑任何可能过于简化或全面的其他解释。

根据此种方法,卢梭发现了人类最基本、最简单的"两个先于理性的原则,其中一个会极力关注自我保存和自身福祉,另一个在我们看到其他有感觉的生物——尤其是我们的同类死亡或遭受痛苦时会激起自然的厌恶之情"(DI 47,OC Ⅲ:126)。卢梭推测说,作为"先于理性"的原则,它们既不是人类刻意形成的,也不是故意坚持的,而是基础性的、与生俱来的内在冲动。他继续写道,所有对自己和对他人的义务都由这两个天性引出。这些开场白搭建了整篇文章的基本框架——自然环境中的自然人和发达社会中矫揉造作的文明人完全不同,前者平静温和,后者残忍且充满恶意。那些内心纯真、对人友善的自然人是如何发生转变的?为何会变得堕落?人与人之间的不平等又是如何取代那些最适合于人类的原始法律规则的?

卢梭区别了两种不平等。一种是"自然的或生理的不平等",包含"年龄、健康、体力、智力或心灵的素质等诸多差异";另一种是"道德的或政治的不平等",它的产生依赖于"某种习俗",包括"以贬低他人为代价而获得的种种特权,例如:比他人更富有、更尊贵、更有权势,甚至获得他人的完全臣服"(DI 49,OC Ⅲ:131)。前一种不平等是显而易见的,无须赘言。至于后一种不平等的起源则需要我们深思,它们是如何出现的?具有合法性吗?卢梭提出疑问。

为了回答这一问题,卢梭从原始人的性格、气质、能力以及他们所处的自然环境入手进行分析。自然人出于自爱而关心自己的财产(参见前述引文中关于"先于理性的原则"的论述),这首先表现为全无自我意识或并非事先谋划:

> 他的想象力不能描绘什么,他的内心也不会要求他做什么。他那一点点需要很容易得到满足,他还没有获得那些能给他带来更多欲望的知识,既没远见,也无好奇心……他的心灵还没有受到外界干扰,他唯一关心的是眼前的生存;对于未来(哪怕是近在咫尺),他也没有想过;他的计划同他的视野一样有限,就连当天黄昏以前要做些什么都没有想过。(DI 62,OC Ⅲ:144)

自然人不喜欢争斗,对于各种奇怪的和未知的事物感到恐惧,他大多数时间都在睡觉(DI 58,OC Ⅲ:140)。他并不是全凭冲动和一根筋的本能行事,他也会控制一时兴起的欲望、不太成熟的自由意志,他还会观察周围环境,学习利用新技能以便更好地保护自己的利益,这就是卢梭所说的人的"自我完善的能力"。不过,在最初的自然中人们很少有利用这些能力的机会。

为了分析"纯粹感觉与简单知识之间的鸿沟"(DI 62,OC Ⅲ:144),卢梭花费了很多篇幅讨论语言和观念的起源。他当时正在写作的另一篇文章《论语言的起源》也讨论了这一主题,不过那篇文章最终没有写完。重拾这一问题,卢梭此次强调的是自然环境中独立的、与同伴疏离的原始人。人们之间的联系也许是稍纵即逝且无足轻重的,因此他略带嘲讽地评论"'爱'这种情感中所包含的生理和道德因素":

> 生理方面的爱是人人都有的欲望,推动着两性之间的结合。道德方面的爱则使人把这种愿望固定在一个特定的对象上……显而易见,道德方面的爱是一种人为情感,来自社会习俗,女人们煞费苦心来宣扬这种爱为的是建立她们的王国。(DI 77,OC Ⅲ:157-158)

虽然人们之间存在暴力冲突,不过这不会导致没完没了的世代恩怨:

> 在每一个原始人眼里,他的同伴和其他物种的动物没什么不同:他既可以从弱者手中掠夺猎物,也可以被迫向强者上缴猎物。在他看来这些掠夺行为是天经地义的,丝毫没有傲慢或轻视的含义,除了因成功而感到喜悦或因失败而感到悲伤,他便没有其他感受。(DI 73 注释 2,OC Ⅲ 注释 XV:219-220;也见于:DI 76,OC Ⅲ:157)

在卢梭描述的历史进程中,这些情形已不复存在,人们的本质发生了改变,自然差别被人为不平等取代。这种变化是如何发生的?《第二论》第二部分进行了假说性解释。卢梭首先评论私有财产制度,这有点像马克思主义理论的原型,他刻画了人类迷失本性的过程,随着时间推进,人们不再简单纯朴,开始变得狭隘好斗。不过卢梭自己也承认:"财产观念依赖于许多先决观念……不会在头脑中一下子形成……我们要追溯得更远些。"(DI 84,OC Ⅲ:164)跟随着他的思路,我们发现,他暗示导致人类本性和人类关系变化的原因存在于其他方面。

为解决物质匮乏、人口增长的困境,人们逐渐在更安定、富庶的地区聚集居住,他们努力学习新技能以便保障日后生活所需,如此一来,"自我完善"的潜能得到开发。卢梭强调,两个要素引起新的自我理解以及与他人关系的改变:第一是对异性的感觉,人们不再是简单配成一对,而是对爱慕对象产生独占性的心理,如果独占地位受到挑战就会激起强烈的嫉妒和竞争。(见 DI 89–90,OC Ⅲ:169)第二,也是更重要的,闲暇时间的增加让共享娱乐成为可能:

> 他们在屋前的大树下聚会,唱歌和跳舞(这两者是爱情和休闲的产物)成为人们的娱乐方式,或者说,它们是聚合成群的悠闲的男人和女人最喜欢的活动。每一个人都仔细观察其他人,同时也希望获得他人的关注,众所瞩目成为一种荣耀。谁的歌声最动听、舞姿最优美,谁最英俊潇洒、最强壮健硕,谁最机敏灵巧、最能言善辩,谁就能成为最受欢

迎的人。这是走向不平等的第一步,也是滑向堕落的开始。这些最初的偏爱一方面产生了虚荣和对他人的轻视,另一方面产生了羞耻心和对他人的嫉妒——这些新的祸患之源结合在一起给人类的无邪和幸福带来致命的危害。(DI 90,OC Ⅲ:169 – 170)

这段娓娓道来的重要段落值得仔细分析,其要害在于卢梭指出,我们每一个人都希望获得他人的肯定和认同,我们需要"受到重视"。以此为基础,我们通过与他人的交往来理解自己,这是一种新的认知方式,获得他人的尊重和敬仰,这意味着全新的人生意义都来自我们与他人的关系。享受来自他人的高度关注——其实是最高关注——成为最重要的事情,它的存在会构成我们的价值,它的缺失又会毁灭我们的价值,用让·保罗·萨特的熟悉说法来说就是我们假设了一个"为他的存在"。当然,卢梭也会偶尔使用这一表述。我们不再是孤立的个人,简单地处理实践问题(在此过程中也会与他人偶然相遇或在合作中花费精力),而是接受了由他人来衡量自己的观念,我们可能获得尊重也可能受到鄙视,正如我们也会如此评价他人一样。这显然是关于自我和他人的理解形式以及彼此交往模式的深远转变。

值得注意的是,卢梭认为这种"新生的"社会状态并不会立刻对"人类的无邪和幸福产生致命的危害"。他写道:

尽管人们不再像以前那样有耐心,天然的同情心也有所减弱,不过这一时期发展起来的人类的能力,正好平衡了原始的悠闲状态和任性而为的自尊心。所以这是人类最幸福、最稳定的时代。(DI 91,OC Ⅲ:171)

他称其为"世界的真正青年时期"(同上)。不过世界不会停止不前。

卢梭认为物质条件的进一步改善加剧了最初的变化。冶金和农业增强了人们的能力也扩大了他们的需求。由此开始,人们将所有权和财产权视为重要内容。从工具意义看,增加财富并不是实现自我保存的核心手段;但是从象征意义看,奢靡消费成为个人特权和荣耀的标志,垄断的所有权强化了弱者的从属地位和奴役身份,这将引起如下变化:

> 贪得无厌的野心,增加财富的渴望,这些并不是出自真实的需求,而仅仅是为了显示超过他人。这种欲望刺激所有人卑劣地相互为害;不可告人的嫉妒更为危险,它会带着伪善的面具去不择手段地达到目的……富人一旦尝到统治他人的甜头,就不愿意再过其他生活。他们利用旧有的奴隶去压榨新的奴隶,想方设法去奴役邻居。这种情形就像饥饿的狼群,只要吃过一次人肉,就再也不屑于寻找其他食物,从此以后只吃人肉。(DⅠ96,OCⅠⅢ:175;卢梭在许多段落都表达了类似的观点。)

卢梭文思泉涌,他描绘的那些画面对生活在"先进"西方社会的人来说非常熟悉。

没过多久,人类社会就充满了冲突和掠夺。这让持续、稳定的共同生活变得几乎毫无可能。卢梭观察到有权有势的富人对地位低下的穷人耍了一个"诡计",他们声称要用法律和刑罚来维持社会稳定、恢复社会秩序,但是这是"虚假的社会契约"。正如人们评论的,它除了给富人更多的权力、给穷人更重的负担别无他用:

> 所有人都冲向铁链,希望以此保护自己的自由:他们只有足够的智慧去认识政治制度的好处,却没有充分的经验去预见其中的危险。能预见到其中弊端的,恰恰是希望利用这些弊端谋取好处的人;就连那些审慎的人也认为只有牺牲一部分自由,才能保护剩下的自由……社会和法律就是这样(或应该是这样)起源的。它们给穷人带上了新的镣铐,给富人授予了新的权力,无可挽回地摧毁了天然自由,对私有财产和不平等给予法律上的确认,将巧取豪夺的行为转化为不可改变的权利。此外,还为了少数野心家的利益,迫使所有人终日劳苦,陷入奴役和贫困的境地。(DI 99, OC Ⅲ:177 - 178)

以此为基础,卢梭批评政府和法律,指出无论它们以何种形式建立,事实上都是以强权来制造不公正和不平等。国家中所有人都有义务遵守法律,大多数情况是人们无法抗拒权力,只能顺从其奴役,而那些权力声称的合法性是完全虚假的。也许有人反驳说,虽然对于社会中的大多数人来说的确如此,不过毕竟还有少数人"处于财富和荣耀的塔尖"(DI 112,OC Ⅲ:189),他们确实可以摆脱奴役。卢梭此处延续了《第一论》中的论述,他说即使这些人"判断自己是不是幸福和满足,也不是依赖自己的感受,而是依靠其他人的评价"(DI 116,OC Ⅲ:193)。总之,"惶惶不安"的文明人与"安逸闲适"的野蛮人具有如下区别:

> 事实上所有这些区别都来源于野蛮人的价值存在于自身,而社会人的价值来自他人。社会人只知道按照别人的意见来塑造自己的生活。这就导致,他们对自己生活的感受是以别人的看法作为自己判断的依据……总之……尽管我们博学典雅而富有道德,但是我们一直追问别人对自己的看法,却从不敢向自己提问。我们有的只是华而不实的虚伪外表,看起来充满荣耀而实际上毫无道德,看起来富于理性而实际上缺乏智慧,看起来快乐喜悦而实际上并不幸福。(DI 116,OC Ⅲ:193)

面对"'道德'的不平等能否为自然法所容许"这一最初的疑问,卢梭一旦梳理清楚观点,就不会再在这个问题上浪费一言,他的结论体现在《第二论》最后的段落中:

> 这样一来,每当道德不平等与自然不平等不匹配时,道德不平等就是与自然权利冲突的——这一区别决定了我们必须认真思考所有文明国家中普遍存在的不平等问题。因

为不管怎么说,幼童统治老人、傻瓜指挥智者、少数特权者纵情享乐而大多数人只能在饥饿中企盼生活必需品,这些现象都是与自然法相悖的。(DI 117,OC Ⅲ:194)

既然我们已经了解卢梭《第二论》的核心观点,那么我们就可以理解他为何如此写作致日内瓦的献词,尽管日内瓦的真实政治生活与他的描述相去甚远。在致辞的开篇他写道"自然赋予人们平等与人们制造的不平等"已经"以最接近自然法的形式和最有利于社会的方式,在这个国度有机结合在一起"(DI 32,OC Ⅲ:111)。他进一步强调,在日内瓦没有人凌驾于法律之上,恰当的统治是主权者得到人民的信任、拥有最终立法权。日内瓦的情形与《第二论》批评的不平等和虚假社会契约形成鲜明对比。如我们所见,后者广泛存在于大多数现代国家。值得注意的是,卢梭在日内瓦献词中提出的许多著名观点,在后来的《社会契约论》中得到更丰富、更理论化的论证。我们将在本书第5章进行讨论。卢梭对于公正、繁荣国家的最好形式的论述,也出现在不久之后的《第三论》中,虽然更完善的阐述体现在《社会契约论》中,不过那要等到五六年之后才能完成。

## 《第二论》述评

《第二论》是卢梭最有影响力、最具颠覆性的著作。单单分析这篇文章就足以写出一本书,就像前人已经做到的那样。这里我将集中于两个问题:第一,卢梭如何评价"自尊",到目前为止我对此还所言甚少;第二,简要论述卢梭语境中"怜悯"的意义,如前所说,它是人类灵魂中"优先于理性"的原则之一,"当我们看到任何有知觉的生物——尤其是我们的同类——在遭受痛苦或濒临死亡时,我们会产生的天然的厌恶之情"(DI 47,OC Ⅲ:125-126)。注意到第一点将加深我们对于"狂热追求独特性"的理解,卢梭曾在《论科学与艺术》中关注过这个问题,不过他没有过多解释。除此以外,它还会引申出《爱弥儿》中的"自尊"问题,卢梭在那篇文章中进行了细致论证(我将在下一章分析)。卢梭在《第二论》中还详细论述了"怜悯"的本质和作用,这种情感是形成建设性和创造性人类关系的基础,它取代了《论人类不平等的起源》中谈及的那些破坏性关系。

读者可能记得我在前文(第2章)曾粗略地解释过卢梭的"自尊"观念,它指的是一个人渴望来自他人的认同,人同此心,心同此理,别人也会有这种希望。我们看到,在卢梭的描述中事实正是如此,如前文所引,人们聚集在小屋前又唱又跳:

> 每一个人都仔细观察其他人,同时也希望获得他人的关注,众所瞩目成为一种荣耀。谁的歌声最动听、舞姿最优美,谁最英俊潇洒、最强壮健硕,谁最机敏灵巧、最能言善辩,谁就能成为最受欢迎的人;这是走向不平等的第一步,也是滑向堕落的开始。这些最初的偏爱一方面产生了虚荣和对他人的轻视,另一方面产生了羞耻心和对他人的嫉妒。(DI 90,OC Ⅲ:169-170)

这段继续写道:

> 一旦人们开始互相品评、在头脑中形成尊重的观念,每个人就都认为自己应该受到尊重。如果有人不尊重他人还想不受惩罚,那是绝对不可能的。文明礼貌的观念由此建立起来,甚至在野蛮人中也是如此。任何故意伤害的行为都被视为存心羞辱,因为除了伤害造成的痛苦,受害人会认为对自己人格造成的凌辱要比肉体伤痛更难以忍受。

卢梭此处展现的是自我意识和人际关系的萌发。前文说过,人类刚开始独立生活时,很少意识到其他人。所谓的联系最多是两性结合或是彼此间偶然协作。但是现在,每个人开始珍视"在意",那是来自他人的关注或尊重。如果没有得到注意,就会激起羞辱之感,觉得自己受到不恰当地对待或冒犯。如果你认为一个人有权利获得尊重,那么你就会希望自己得到尊重。这种观念进入人们的意识中,彻底改变了人们交往的基础,人们希望从他人那里获得什么,就会向他人展示相应的"面貌"。

在这段文字中,"自尊"的意义突显出来。正是"自尊"让人铭记自己应得的敬仰和尊重,那是自己地位和重要性的充分体现。《论人类不平等的起源》中对此仅有一段明确论述,卢梭这样写道:

> 自尊纯粹是一种相对的、人为的情感,它起源于社会,

每个人都觉得自己比其他人重要,这导致人们彼此伤害,自尊是"荣誉感"的真正来源。了解这一点后,我将进一步指出:在原始环境里,在真正的自然状态中,"自尊"并不存在。因为每个野蛮人只把自己当成自身行为的观察者,在茫茫宇宙中只有自己会对自己感兴趣,自己才是欲望的唯一判断者。此种情况下,攀比之心是不可能在他心中扎根的。基于同样的原因,他既不懂得仇恨,也不渴望复仇,因为那两种心理只能在受到伤害后产生。(DI 73 注释 2,OC Ⅲ 注释 15:219)

卢梭在这里对比了"自尊"和"自爱",他称后者为"一种自然情感,促使各种动物都注意保护自己"(同前),和怜悯一样,自爱是"优先于理性"的原则。

如卢梭在本段所说,竞争和好斗是自尊的内在特征。这使得人们关注自己更胜于关注他人,人们追求处处领先的优越感,甚至想主宰他人的命运,视他人为低等生物。既然更稳固的社会存在促进了自尊情感(至少在卢梭的论述中是这样),那么社会就顺理成章地呈现出《论人类不平等的起源》中概括的特征:竞争、邪恶、控制、奴役等,它们推动着社会前行。在这一时刻,人与人之间似乎不可避免地要发生争斗。

毫无疑问,《论人类不平等的起源》中有许多描述符合这种特征:一方面是积极健康的自爱,另一方面是陷入堕落的自尊;一方面是未经破坏的天真和独立,另一方面是过度开发的文明和依附;一方面是欢乐和幸福安宁,另一方面是痛苦和卑鄙无耻,等等。卢梭对于这一情形的诸种评价都显示了他对自尊的本质和含义的看法。不过,在接受这些评价前,我们有必要稍作停留,先来考虑两点问题。

首先,如果这是卢梭所预见的人们定居后、共同生活在一起所要面对的后果,那么任何公正、仁慈的社会都是几乎不可能出现的,甚至是根本没出现过。当然,卢梭也试图在《社会契约论》中解释这种公正社会的特征。所以,要么是他的想法如此混乱,以致根本无法达到结论;要么是自尊根本不应该被视为竞争和进攻的根源。仔细思考这一观点就会带来第二点发现:希望获得他人的"关注"并不意味着希望自己获得的关注远多于他人,也不是希望自己受到奉承而其他人都遭到忽略(尽管我们对那种场景非常熟悉)。希望被关注可能只是渴望有人能倾听自己的声音、能留意自己的需求、能在意自己的感受,这不仅仅是源于别人的善意,而是因为这是人之为人,并且(或者)作为一个社会成员所应有的权利。"某人应得"的观点并不会得出他要求侍者谄媚、红毯铺地的结论,它可能只意味着一个人因其内在价值而受到尊重。人的自尊要来自他人的认同,这既不是一种竞争性的欲望,也不是以否定他人为代价才能获得的需求。人们具有平等地位,所有人都有获得他人尊重的权利,这就足以满足每个人的自尊需求,不需要任何人被压在底层而其他人登临塔尖。

我曾说过,我们很难在《论人类不平等的起源》中读到对于这些思想的进一步阐释,那里只有很多黑白分明的词汇:健康的或堕落的,未经破坏的天真或过度开发的文明等。不过我确实认为,我们要谨慎对待这些说法,在下一章中我将证明这种谨慎会带来回报,我们会发现更加复杂有趣的关于自尊的论述,它们完全符合卢梭的其他主要观念。

接下来,我将简要讨论《论人类不平等的起源》中的怜悯问题。在卢梭看来,怜悯和自爱一样,都是优先于理性的原则,这意味着恻隐之心是与生俱来的,只要看到别人遭到苦难就会产生同情之心,这并不需要深思熟虑或是精明算计:

> 我相信这是人类具有的唯一的天然美德,我无须担心反驳,因为就算是对人类美德大肆贬低的人也无法否认这一点。我们如此柔弱又如此易于遭受苦难,怜悯心是我们最应该具备的秉性:它是最普遍有用的美德,在人类开始理性思考以前就产生了;它又是那样合乎自然,甚至野兽有时也会表现出怜悯之心。(DI 73, OC Ⅲ:154)

卢梭继续写道,怜悯心产生了所有的社会美德。在怜悯心的触动下,我们注意到那些遭受苦难的人,希望尽力帮助他们,就像他们为自己所做的那样去减轻他们的"痛苦和不适"。不过在卢梭看来,过度自尊和其他膨胀的自我关注会抑制怜悯心,可能使其流于沉默。所以一般说来,社会美德并不兴盛。

在《论人类不平等的起源》中,卢梭对怜悯这一主题着力不多。对我们的考察目的来说,怜悯具有两重意义。首先,此处的论述为我们下一步阅读奠定了基础,《爱弥儿》更全面地论述了怜悯,在那本书中怜悯处于绝对的中心地位。其次,怜悯给了我们一丝希望(虽然卢梭在这里没有进一步论证),人类具有友好生活在一起的基础,而不是只知道好斗争先。作为遭受不幸的人,别人出于对我的同情而帮助我,我得到尊重和关注,而不是受到落井下石的责骂或嘲笑。在卢梭的思想中,这给我们提供了人与人之间可能存在非竞争、非侵略性关系的另一种理由,所以人们的定居生活并不一定会导向仇恨的深渊。不过正如我说,这一线索并未贯穿在《论人类不平等的起源》中,我们要等到《爱弥儿》才能看到充分的讨论(见下文第4章"《爱弥儿》和'道德秩序'"一节)。

同样值得重视的是《论语言的起源》,这篇文章与《第二论》写作于同一时期。卢梭在这篇文章中对怜悯心进行了完全不同的论述,他强调反思和知识是产生怜悯的先决条件,详见《论语言的起源》第9章。有趣的是,正是在这一章,他称"黄金时代"是比"世界的真正青年期"(前文提及)更早的时段。不过我们也说过,这篇文章并没有完成,所以我们只能猜测这些论断是否会出现在最终发行本中,以至于影响卢梭思想的一致性。

不可否认,《第二论》有许多重要内容值得仔细分析,本节只选取了对理解卢梭整体思想具有特别意义的两个方面进行阐述,现在我将转向卢梭的《第三论》(《论政治经济》)。

## 《第三论》

前面说过,《第三论》最初并没有打算写成一篇独立的文章,它只是给狄德罗和达朗贝尔主编的百科全书写作的一个词条,刊载于1755出版的《大百科全书》第5卷,1758年这篇文章首次独立出版于日内瓦。

我试图说明(尤其在本书第5章),《第二论》为理解《社会契约论》的政治方案提供了重要的背景阐释;至于《论政治经济》则清晰扼要地阐述了《社会契约论》的核心议题,也许可以说,这奠定了后续研究的基础。事实确实如此,《论政治经济》开篇区分了两种不同的政治权威和服从义务,一种是公正合法的国家中的政治权威及公民义务,另一种是父亲对于全体家庭成员的权威以及子女的义务。在《社会契约论》第1卷第2章中,卢梭再次讨论了这一问题。我们很容易看到,政治权威常常被类比为父权,或者公民义务和子女义务被当成同种类的义务。卢梭与洛克一样,认为必须要反驳这些观念[比如,参见洛克《政府论》(下篇)第6章]。

卢梭在《第三论》中继续提出一些概念,它们将在《社会契约论》中得到更充分的展现。他区分了主权者和政府:前者是社会中的最高权威,拥有立法权,只有主权者才能制定法律;后者是承担主权的实体,只具有执行功能。他写道:

> 国家……是……一个法人团体,具有意志——这种公意关心全体和各部分的生存和福利,它是法律的来源,对于国家的所有成员来说,无论是个人之间,还是个人与国家之间,公意都是衡量正义和非正义的标准。(DPE 132,OC Ⅲ:245)

与公意相对的是公民的众意,此外还有个别意愿、小团体意愿(比如牧师意愿或者参议员意愿),它们可能与公意冲突。这些概念都需要进一步澄清。我们会看到,《社会契约论》在使用这些概念时都进行了进一步论证。卢梭显然赋予"公意"重要的意义,虽然他还需要充分说明公意的来源和特征,不过在《论政治经济》中他已经用其来解释合法权威和公正法律的基础。

除此以外,卢梭集中讨论了政府的首要责任,他用三小节阐述自己的观点。首先,"统治者(政府元首)最重要的责任是……密切关注他所执行的法律,正是依据法律他才成为行政者,那是他建立所有威信的根据"(DFE 136, OC Ⅲ:249)。无论何时,他都不能认为自己高于法律或是可以免于法律约束,他的主要任务是激励全体公民热爱法律。卢梭强调,通过施加惩罚来保证人们服从法律是次好的做法,这会导致人们视法律为强制约束,从而满怀怨恨并试图逃避法律。卢梭从没有放弃这一论断,我们在下文(尤其是第 6 章)提到的不同文本中都会发现它的身影。卢梭在第二节继续讨论这一主题:

> 如果你希望公意得到实现,那么就让私意与之符合;换言之,没有什么比私意符合公意更能成为国家的美德。(DFE 140, OC Ⅲ:252)

如前所述,《第三论》的许多内容都会在《社会契约论》中得到重述和拓展,我在分析《社会契约论》时会再次谈到这些问题。不过此处还是有必要澄清某些误解。比如读者可能读到这样的表述:卢梭说,作为手段,任何人不得有私利,也不得有偏离于政治共同体身份和义务的念头。这就像聚居的蚂蚁,维护团体的延续是每一只蚂蚁的全部使命。但是我认为这根本不是卢梭的主张,相反,考虑到私人利益和团体利益如此易于占据主导或是取代公意(法律),他希望能够为公意提供额外的支持,而不是要论证废除其他关注。他强调培养公民爱国情感的重要意义,这并不是某种形式的侵略主义,而是为了让我们鲜活地感受到同胞的幸福,从而对它们无比珍视。我们反对同胞遭到伤害和剥夺,哪怕为此而限制自己的狭隘私利。如果没有对国中男女的最低认同,那么这种限制私利的行为就很可能被当成强迫,人们会认为这是为达到目的而不得已采取的手段,对于同一社会中的其他人的利益,人们只在观念上予以承认,而不会热切地付诸行动去追寻。当卢梭说"公意……关心全体和各部分的生存和福利"时,他将"各部分"的生存和福利视为与全体人们的生存和福利同等重要,这是对于实现条件的相当理智的论述。在卢梭最受推崇的段落中,他写道:

> 个人安全与公众联盟如此紧密地联系在一起,以致……国家中只要有一个本可被救活的人死去,只要有一个人被错误地投入监狱或受到明显不公的判决,那么公约就即刻瓦解……
>
> 事实上,国家难道不应该像保护全体一样保护最卑微的人的安全吗?一个公民的福祉难道不像全体人民的福祉那样值得关心吗?可能有人说,牺牲一人、成全大家是值得

的……如果我们认为这是说政府为了多数人的利益而牺牲一个无辜的人。那么在我看来,这是最令人憎恶的暴虐专政,是最大的谎言……它完全违背社会基本法。(DPE 144, OC Ⅲ:256 – 257)

还有更多内容具有同样的效果。卢梭的根本关注点在于如何创造并保持社会契约,以便让那些原则得到实现。在我看来,那些批评卢梭重视风俗习惯、道德情感、爱国主义的人,很少有人能像他那样直面这些议题。在当代社会中,我们看到许多人确实生活在共同的边界内、处于相同的法律之下,但是他们并不被当成是该国成员,无论他们活着或死去,都与"共同体"毫无关系,确定的原则不会随之而改变。我在第 5 章讨论《社会契约论》的"立法者"时会再次分析这些观点。

最后在第 3 节,卢梭转而讨论公共财政、税收和国家收入再分配问题。这里有太多细节性问题,我们不会在此做过多停留。卢梭的主要观点清晰且充分,与前两节的论证方向一致。必须通过提高税收来缩小富人和穷人之间的鸿沟,否则富人就不会重视自己的国家公民身份,也根本不会顾及国内穷人。我们能看到现在许多国家依然实行这样的政策。国家对奢侈品征税,那是人们可买可不买的商品,如此一来人们就会选择生产、购买必需品。"只要世界有富人存在,他们就希望把自己和穷人区别开,没有比依据贫富差异收税更能减轻人民负担、保证征收顺利的方法了。"(DPE 166, OC Ⅲ:277)。

总体上说,《论政治经济》的影响力不及《第二论》,虽然文中包含一些有分量的段落和重要观点,但是《论政治经济》还是较少被人们讨论。我认为最好把这篇文章和《社会契约论》连起来阅读,它能给后者的论证提供有益补充,比如培养同胞情感的重要性;有时我们又会发现,《第三论》中勾勒的某些观点在《社会契约论》中得到了充分论述和系统说明,比如公意、主权。

## 总结和展望

本章包括我对卢梭"三论"的仔细审视。这三篇文章——尤其是前两篇《论科学与艺术》和《论人类不平等的起源》,展现了他对罪恶、悲惨的文明社会的揭露,以及对这些弊病起源的探寻。第三篇《论政治经济》体现了他对公正、仁慈社会应该具有的基础和特征的初步建设性思考,不过大部分内容仅仅是勾画了一个粗略线条。

我在论述中特别强调了"狂热追求独特性",这是一种竞争性的欲望,以超过和征服他人为满足。在卢梭看来,这导致人们崇尚浮夸、虚假的成就,不再重视真实、有益的美德,这也导致人们把衡量自己生活的权力交给他人。人类日益远离本真的善,人与人之间充斥着怨恨、争斗和欺骗。

与此形成鲜明对比的是自然人在自然状态下幸福安宁的生活,他们寻求自我保护,基本与他人无涉。有时卢梭似乎暗示,只要我们离开伊甸园式的天真状态、与其他人共同生活在一起,我们就不可避免地要陷入堕落之中,我们在自尊心的驱动下会不断寻求超越别人,由此带来人与人之间的怨恨和不满。不过我也指出,这一对比太过生硬,卢梭事实上也相信我们有办法在社会中与他人共同生活而不被不平等主宰。我们在《论人类不平等的起源》中读到他对同情心的论述,这包含了可能共同生活在一起的萌芽;在《论政治经济》中我们也看到,他相信社会美德和个人幸福也许会带来和谐一致。

通过卢梭的早期观点,我们可以窥见他的下一步工作计划,他要说明这些困境中存在的核心要素。他需要思考的是,人类是否以及如何能共同生活在一个稳定的社会中,而无须改变和背弃自己?如何能既实现个人尊严又不必碾压和厌弃他人?法律法规能否公正对待全体公民,而不是只保护统治的个人或小团体的特权?人类的同情心能否为更和谐、有益的人类交往提供基础?下一章将讨论这些问题。无论卢梭是否认为自己是以这种思路进行写作,事实上,看到他在对人类社会弊病的诊断中逐步找到医治方法,这确实是很有意义的。我下面将开始讨论《爱弥儿》,这本书扩展了卢梭早期文章中的诸多观点。

## 拓展阅读

Timothy O'Hagan, *Rousseau*, chapter Ⅱ。London:Routledge,1999。这是对《第二论》富有洞察力的讨论。

Roger D. Masters, *The Political Philosophy of Rousseau*, chapters Ⅲ-Ⅳ。Princeton:Princeton University Press, 1976。这是对

《第一论》和《第二论》充分且敏锐的分析。

M. F. Plattner, *Rousseau's State of Nature*：DeKalb, IL：Northern Illinois University Press, 1979。全书讨论《第二论》。

Robert Wokler, 'The *Discourse sur les sciences et les arts* and its Offspring' in S. Harvey, M. Hobson, D. J. Kelley, S. S. B. Taylor (eds.), *Reappraisals of Rousseau*。Manchester：Manchester University Press, 1980。对《第一论》及其评论的详细论述。

A. O. Lovejoy, 'Rousseau's supposed primitivism' in A. O. Lovejoy, *Essays on the History of Ideas*。Baltimore, MD：Johns Hopkins Press, 1948。关于《第二论》的论文集。

# 第四章 爱弥儿

## 引 言

卢梭认为《爱弥儿》是自己最具洞察力的奠基性作品（RJJ211；OC I ,933）。这本书的副标题是"论教育"，全书不仅描写了爱弥儿从婴儿到成年的教育，而且包含了关于教育过程和教育目标的大段论述，同时还有许多对教育意图的生动描述。不过卢梭却否认这是"真正的教育学论文"，相反，他认为：

> 这是一部相当哲学化的著作，深化了作者在其他作品中谈及的"人性本善"的原则。为了解决这一原则与其他真理（比如人性本恶）的冲突，它需要展现历史上人类心中所有邪恶的起源……激情之海淹没了我们，若想找到前进之路，我们必须找到开始。

（《致菲利伯特·克雷默之信》，亨德尔译，1764年10月13日，第296页，也见Masters:3。）

虽然我会顺便指出书中的某些教育策略，但是我研究这本著作的方法却是他此处指出的："一个人必须先找到路，然后再谈及如何开拓这条路。"因此，解读卢梭的恰当方式是看他在《爱弥儿》中展示个人如何获得完整的生命和灵魂，哪怕我们周围总是存在导致个人堕落和自我背离的巨大压力。我在第3章文末曾指出卢梭的"写作日程"，我想《爱弥儿》可以视为"日程"中对于个人生活的反省，至于《社会契约论》则是对"日程"中政治原则和政治过程的设计。

卢梭大概1759年初开始创作《爱弥儿》，当时他住在蒙莫朗西附近的蒙特利，在巴黎中心之外。有人说这本书源于他一些女性朋友的请求，她们想知道如何更好地教育子女，由此促成了本书的写作；他在一些通信中也提到过这些建议。可是这种说法很难解释为什么这些女性朋友竟然向卢梭寻求建议，尤其是他自己根本没有养育过孩子。不过，正如上文指出的，他关心的主要问题并不是养育孩子的技巧，而是如何通过恰当方法，让一个人保持完整性，从而达到最好的生活状态，这意味着，这既是一个独立的人，也是国家社会中的一员。到了1761年7月，卢梭差不多准备好出版这份书稿了；此外他还有一份更早的手稿残片，大概相当于最终版本的三分之一，也就是法弗尔手稿。《爱弥儿》终于在1762年5月出版，比《社会契约论》晚了一个月。我在第2章已对当时的出版环境有所说明，这部作品出版的后果就是文章被禁、卢梭逃离巴黎。卢梭绝没想到这本书会让他陷入无国可回的流亡境地。这本著作遭到当局严厉谴责——也许正是因为如此,它卖得相当好,为卢梭赢得许多崇拜者的青睐。

我在本章开篇提到过卢梭对于这本书的自我评价,他认为这是自己最深刻的作品,展现了自己的理论基础,我非常认同这一评价。这本书叙述了一个虚构的、但是相当有代表性的小男孩爱弥儿的成长过程,从出生到 25 岁左右,他一直处于导师兼同伴让-雅克的指导之下,而后者显然具有卢梭本人的印记。在法弗尔手稿中,卢梭将爱弥儿的成长历程分为四阶段:从出生到 12 岁是发展本性的阶段,定版中的卷 1、卷 2 讨论这一问题;12 岁到 15 岁是形成理性、进行实践、运用智力的阶段,第 3 卷进行了分析;15 岁到 20 岁是充满"力"的阶段,此时爱弥儿精力旺盛、蓬勃向上,青春期对于异性的好奇渐渐苏醒,这是第 4 卷的主题;20 岁到 25 岁是形成智慧的阶段,这在第 5 卷中展现(见 OC Ⅳ:60)。卢梭笔下爱弥儿的成长历程一直继续,他乐观地表示:"幸福与安宁的阶段——贯穿于剩余的人生。"不过他并没有讨论这一部分。卢梭关注的是人生各阶段的表现,这包括能力、性格、自我认知、与物质世界的关系、与他人的交往、与神的关系,这形成了各阶段的自我认同和个性特征。他的核心论点是,自我的形成以及对自我的理解会随着每个人的生命历程发生根本性变化。这一说法与《论人类不平等的起源》相呼应。我认为,卢梭列出的成长年表对于如何划分各阶段并没有特别重要的意义,相反,对各阶段含义和特征的描述才是关键。与此同时,卢梭警告说,人性在每一个阶段都可能发生堕落,所以他提出许多避免堕落的建议,这正是这本著作蕴含的教育原则。我对于其中一些建议印象深刻,它们生动有趣、值得赞赏,而另一些建议则不那么有用。不过我也认为,我们最应该关注的是人性扭曲的特征和影响,而不是哪一种教学实践技巧更有用。让我们再重温一下卢梭的隐喻:如果想找到正确的道路,那么首先要找到发现它的方法。

卢梭一开篇就指明写作意图,他想知道,一个人是否可以既对自己为善,也同时与他人为善。也许我说这是他的主要意图有点奇怪,因为乍看来卢梭似乎暗示这根本不可能实现。他说人从本性上只关心自己的福祉:"自然人完全为自己而活"(E I 39, OC IV:249),另一方面,好公民是"非自然"的:

> 好的社会制度知道如何能最好地改变人的天性,知道如何剥离他的绝对存在、给以他相对存在,并且把"我"转移到共同体中,使每个人不再把自己看成一个独立个人,而是只看做共同体的一部分。作为罗马的一名公民,他既不是凯尤斯,也不是卢修斯,他只是一个罗马人。(E I 40, OC IV:249)

几行之后他继续写道:

> 凡是想在社会秩序中把自然情感放在第一位的人,是不知道自己有什么需求的。如果他总是处在自相矛盾的境

地,总是在欲望和职责之间摇摆,那么他既不能成为一个人,也不能成为一名公民。他对自己和对别人都毫无好处。今天的法国人、英国人和中产阶级正是这样的人,这种人将一无是处。(Ibid)

许多读者认为这些段落是明确的,他们也许是被段落中呈现的简单的"要么……要么……"模式所吸引:人要么是自然的,要么是改变本性的;要么是为己求善,要么是为他人求善;要么是一个纯粹的存在,要么是一个相对的存在,如此等等。不过我们依然可以清晰地看出,卢梭认为,即使某人被教育为己而活,他依然能在与他人的交往中承担积极作用。在一个重要的段落中卢梭写道:

如果一个人只是为自己而接受教育,那么他对其他人有什么意义?如果我们怀有的双重目的能够合二为一,由于去除了人的矛盾,他就克服了获得幸福的障碍。为了判断这一点,就需要看他成长为什么样的人:我们必须了解他的倾向、观察他的成长、追踪他的发展,总之,必须了解自然人。我相信,人们在读完这本书后,一定会对这些问题有所了解。(E I :41,OC IV:251)

卢梭似乎急于表明个人和他人并不互相排斥,我们可以在社会和国家中找到与他人交往的基础和形式,这能让人保持完整的善良本性,并给个人带来长久幸福和完满人生。如果这是可能的,那么从卢梭对个人与社会关系的解释中,我们就会看到四种可能性,而不是通常所说的三种。首先,一个人只要远离社会就能完全地保存自己,从而达到《论人类不平等的起源》中描述的那种自然状态,或者一个人也可以把自己退缩回由温暖和爱意环绕的亲朋好友的小圈子。第二,由于社会中恶性竞争和支配欲的恶劣影响,人也会变得堕落或是远离自我。第三,人可能会屈从于绝对存在,成为"既不是凯尤斯,也不是卢修斯……而只是一个罗马人"。但是,第四,人能够在社会与他人交往,这满足了人的需求和本性,有利于个人幸福和自我实现。第四种可能性正是我所指出的《爱弥儿》的主题,我对于此书的评论也将在这一主题下展开。

## 《爱弥儿》:第 1 卷—第 3 卷

《爱弥儿》第 1 卷和第 2 卷讨论爱弥儿从婴幼儿时期直到 12 岁左右的生活。在婴儿早期,爱弥儿的自我意识和自我理解非常有限:"他没有情感,没有思想,几乎连感觉都没有。他甚至意识不到自己的存在。"(EⅠ:74,OC Ⅳ:298;也见于 EⅠ:42、61;OC Ⅳ:253、279)卢梭提出了许多对待婴儿的最实用的建议。他反对过分束缚和溺爱孩子,强调用母乳而不是由乳母喂养,这些建议都产生了深远影响。不过卢梭更重要的影响是他对孩子哭闹行为的看法,他指出这是孩子回应周边环境的一种方法,尤其是当他们的欲望没有得到满足或是行动受到阻碍时产生的应激

性反应。他发现了许多这样的情节,他的评论值得仔细回味。他这样写道:

> 孩子一出生就开始啼哭,他童年的第一个阶段就是在哭声中度过的。有时候我们手忙脚乱地安抚他,让他平静下来;有时候我们吓唬他、打他,让他保持安静。不是我们取悦他,就是他按我们的要求来取悦我们;不是我们顺从他的异想天开,就是让他顺从我们的想法;不是他命令我们,就是我们命令他,没有中间地带。所以他最初获得的观念就是统治和奴役。还不会说话,他就开始发布命令了;还不会行动,他就在服从人了……这就是我们在他幼小心灵中灌输的情感,可是后来我们又推说那是天性,在费了许多力气把孩子教坏后,又抱怨他成了这样的人。(EⅠ:48,OC Ⅳ:261)

或者:

> 孩子们最开始的哭声是祈求,如果你一不小心,它们马上变成命令。他们以请求别人的帮助开始,以命令别人伺候他们而告终。这样,由于他们本身柔弱,所以他们最初是想获得依赖,随后才想支配别人。不过这种想法的产生并不是出于他们的需要,而是源于我们的服侍,此时不是直接由天性产生的道德影响开始塑造他们的面貌,我们可以看出,为什么在最初就必须分辨他们为什么做出那样的表情

或发出那样的哭声,他们究竟有什么隐秘的意图。(EⅠ:66,OC Ⅳ:287)

文中还有许多其他要点(尤其见于EⅡ:87-88,OC Ⅳ:314-315)

卢梭暗示,孩子与生俱来的反应能让他们掌控生活、保护自己,这些本能反应很容易表现为不同的发展方向,同时因他们如何看待环境对他们的回应而得以巩固。我使用毫无感情色彩的"环境"一词是因为它会让我的论述变得平和,它既包含人类反应、社会环境,也包含无生命的周围事物。有两点值得注意。首先,如果孩子知道他们只能通过哭泣来获得关注、安抚和细心照料,那么他们很快就会学会哭泣。用卢梭精彩的话说就是:"只需要动一动嘴就能让全世界为之改变,就能让别人去干活,这是多么美妙!"(EⅠ:68,OC Ⅳ:289;也见于EⅡ:88,OC Ⅳ:314)但是,第二,不可避免的是,随着虚妄观念的膨胀,他们的欲望也会随之荒唐地膨胀,一旦欲望得不到满足,他们就会恼羞成怒。虽然孩子的头脑中没有明确的意识,不过卢梭还是从这种愤怒中读出相当程度的复杂性。狂怒和暴躁是这样一种情绪,人们对他人的污蔑所造成的干扰和忽略感到不满,无论他人出自真心还是无意。愤怒的孩子发现自己处于危机四伏的世界中,他们开始主动攻击或是保护自己,如果仅仅是出于最初自我保护的欲望,那么:

> 一个想要什么就能得到什么的孩子,会以为自己是天

下的主宰,把其他人都当成自己的奴隶。他相信自己的命令是无所不能的,所以在你最后被迫拒绝他的时候,他会把你的拒绝当成背叛。由于他还没有到能够理性思考的年龄,所以你所有的解释在他看来都是借口。他认为你处处不怀好意,他所认为的不公正导致他的性情变得更加乖张,他对所有人都怀恨在心,他不但不会对他人的帮助心存感激,反而稍不如意,就大发雷霆。(E Ⅱ:87,OC Ⅳ:314)

这只是卢梭的部分观点,这种心态当然并不局限于年轻人,这在那些年龄稍长、但是心理还不够成熟的成年人身上也能看到。

卢梭对于孩子任性问题的讨论,照应了约翰·洛克《关于教育的若干思考》(以下简称《若干思考》)中几个有趣的观点,洛克写道:

> 我们看到孩子们哭闹不止(他们一出生就开始哭,我相信几乎要一直哭到他们会说话)、脾气暴躁、闷闷不乐、情绪低落,除了发号施令别无他事。他们想让别人屈从于自己的欲望,试图让所有人都遵从自己,尤其是身边的人或是年龄、地位低于自己的人,只要他们意识到人们之间的这种区别,他们就会如此行事。(*Some Thoughts*,第 104 段)

洛克像卢梭一样,对孩子的哭声进行了敏锐观察,并提出如何对待这些行为(见《若干观点》,第 111 段 ff)。虽然卢梭和洛克关于教育目的的总方法不一样——洛克认为教育的主要目的是发展美德,不过卢梭还是在《爱弥儿》中屡屡提及洛克,并常常表示赞赏。不过有时卢梭对洛克的批评并不完全在理。比如,卢梭写道:"用理性教育孩子是洛克的重要准则……在我看来,没有比受过理性教育的孩子更傻的人了。"(E Ⅱ:89, OC Ⅳ: 316)然而洛克曾详细解释过他所说的"理性"含义:

> 我所说的"推理",是指与孩子能力和理解力相适应的思维,而不是意指其他。不可想象一个三岁或七岁的孩子可以像成人那样辩论……当我说他们应该被视为"理性的生物",我的意思是,你应该以温和来塑造他们的理智、以沉静来修正他们的不足,你所做的这些对自己来说是有理性的,对他们来说是有用且必要的:你命令或是禁止他们做任何事,并不是出于反复无常、激情冲动或是虚幻不实的情绪。(*Some Thoughts*,第81段)

这些内容卢梭事实上并不会反对。

现在让我们回到卢梭的讨论,他说既然意志的较量已经开始,如果不想让它成为孩子与这个世界以及周围人打交道的主要方式,就必须对其严格控制——大概可以预见,不管是孩子赢了还是你赢了,反正没有中间路可走,也没有其他解决方式。卢梭在后来的《对话录》中清楚地指明了这一点:

> 那些易于直接带来欢乐的原始激情,让我们只着眼于

本质上是爱和温柔的对象,只将对自我的爱(自爱)作为原则。一旦他们因阻力而偏离目标时,他们关注的是消除障碍而不是达到目标,他们改变本性,变得易怒且遭人讨厌。(RJJ 9 - 10,OC Ⅰ:688 - 689)

卢梭为什么对这种解释人与世界相互作用的问题感兴趣?这有多方面原因。首先,他相信以这些方式来设计生活,会让所有孩子都非常不高兴。前文引用的讨论孩子本性是如何变坏的那个段落继续写道:

> 像这样一个动不动就火冒三丈、乱发脾气的孩子,我怎么能想象他可以成为一个快乐的人?……由于容易得到满足,他们的欲望越发强烈,于是他们偏偏想要那些不容易得到的东西,这就处处遇到抵触、障碍、困难和痛苦。他们成天哭闹,不服管教,经常发脾气。他们的日子就是在哭泣和不满中度过的。像这样的人是幸福的人吗?身体的柔弱和支使人的心理连在一起就会产生妄念和痛苦。(E Ⅱ:87 - 88,OC Ⅳ:314 - 315)

第二,卢梭在这些类型中看到竞争性自尊心的萌芽:

> 在长大的过程中,他们获得力量,就不再那样焦躁不安、动个不停;他们更能控制自己,灵魂和身体取得了平衡。大自然要求我们只是为了保持自身所需要而活动。可是支

使他人的愿望并没有随着产生这种欲望的需要而消灭,驱使他人的心理唤起并助长了自尊,而习惯又加强了这种自尊。这时候奇异的幻想跟着需要产生,个人的偏见扎下了根。(E Ⅰ:68,OC Ⅳ:289)

这一点无论对于他们自己,还是对于卢梭所说的自尊的重要性都具有非凡意义。我们在《论人类不平等的起源》中已经论证了自尊的意义,在接下来也会进一步讨论。不过这也会导致卢梭回避了一个潜在的重要理论问题。正如我们多次所见,卢梭强调,人本性为善,只是会被社会腐蚀。如何准确理解这一观点需要仔细留意,不过这不是目前的重点,后文会详细分析。《论人类不平等的起源》似乎说,自尊所具有的一切有害后果都来自人类本性社会化的过程。那么,难道这不意味着我们的本性中至少存在着这些自私自利的破坏性萌芽,当我们与其他人生活在一起,它们就开始生根发芽?卢梭所说人性本善并不充分,自尊心所蕴含的恶的倾向似乎与生俱来。

与《论人类不平等的起源》相比,《爱弥儿》的主要论点更为精妙。统治与顺从、掌控与奴役,不再是先天倾向不可回避的后果,而是由周围人采用何种方式来处理孩子遇到挫折后的哭闹行为而引起的。这样卢梭就可以前后一致地说:"本性的最初冲动总是正确的,人的心灵中根本就没有与生俱来的邪恶,任何邪恶我们都能说出它是从何处以及怎样进入人心的。"(E Ⅱ:92,OC Ⅳ:322)由此可知,孩子通过眼泪和哭闹来表达自我、建立与世界的联系,并不需要以战争来获得对他人的支配。来自他人的认同和接纳可能以其他方式展现,人与人之间的关系可以呈现出更和谐的特征,我一会再说明卢梭如何论述这一点。

第三,我对于人类倾向于意志较量感兴趣的原因在于,它有助于理解卢梭提出的教学建议,人们觉得这一建议极奇怪、极可怕。在爱弥儿 12 岁以前,导师一直塑造着爱弥儿的生活环境,也许这超越了"控制阶段"。这种方式似乎让人觉得,任何无法满足的欲望或是失败的行为都是冷冰冰的、没有温度的世界所致,而不是源于他人的决定或选择,哪怕后者才是真实的原因。也就是说,在安排之下,爱弥儿遇到他人的可能性被降到最低。这当然是一个听起来相当恐怖的抚养孩子的方式,不过卢梭却有着严肃的理由。如前所述,面对挫败时,孩子会感到愤怒,这假设了有一种反对的意见来阻挠孩子,我们已经证实,这种假设的后果非常有害。所以卢梭说我们必须采取一切可能的措施来破坏这一假设,我们要向孩子展现这是一个稳定、有序、可预期的世界,很难因孩子的专横、易怒的小心思就被随意改变:

> 要按照你学生的年龄去对待他。在最开始就把他放在应该在的位置,让他好好待在那里,这样他就不会再有超越那个地位的企图。这样就可以在他知道什么是睿智之前,就能实践其中最重要的教训了。……只需让他知道他弱你强,由于他的情况和你的情况不同,所以他必须听你的安排……要让他知道这些事情的必要性,决不要成为反复无常的人……这样,即使在他无法得到自己想要的东西时,也可

以使他心平气和、坚韧从容。因为人在天性上就可以安心忍受商品的匮乏,但是绝不能忍受别人的恶意。(E Ⅱ:91,OC Ⅳ:320;也见于 E Ⅱ:85,OC Ⅳ:311)

卢梭此处似乎突兀而怪异,不过他并没有偏离"建立边界"的主题,它一直贯穿于儿童教育手册始终,在事实上组织着全书的内容。

与此相关的是,我们可以注意到卢梭一些引人注意的思想,这主要包括道德对规范儿童行为以及人类普遍行为的作用。他写道:

> 他的词典中取消了"服从"和"命令"这两个词汇,甚至"责任"和"义务"也不能出现。不过,"力量""需要""能力不足"和"限制"这几个词将在他的词典中占据重要地位。**(E Ⅱ:89,OC Ⅳ:316)**

卢梭此处是什么意思?如果应该由谁来完成某事是不明确的,那么人们总是不愿意承担责任和义务,对于孩子来说尤其如此。那么,义务是如何出现的?专横的权力一旦任意向人们强加了负担,就会引起人们的不满和逃避的欲望:

> 一个人如果意识到需要别人帮助,同时又常常接受别人的恩惠,那么他决不会产生骗人的念头;相反,他还一心希望别人了解事情的真相,以免他们做出错误决定误伤了自己。由此可见,撒谎显然不是孩子的天性。然而服从的

义务促使他们不得不撒谎。既然服从别人是一件很痛苦的事情,那么他们就尽可能地偷偷免除义务。在他们看来,与暴露真相而得到的模糊的利益相比,还不如撒一次谎来免除当前的责罚更为划算。(EⅡ:101,OC Ⅳ:335)

卢梭的所有例子都与儿童成长有关,他的观点相当常见:在没有明显道德感觉的领域,以道德义务来规范人们的行为,由此产生的弊病会比试图消灭的弊病更多。在《驳克里斯托弗·博蒙大主教》中他写道:

> 尽管有最健全和最高尚的教育原则,尽管有最华丽的许诺和最可怕的宗教威胁,由于年轻而犯下的错误(乖张行为)依然层出不穷……我已经说明,你抱怨的那些由于年轻而犯下的错误无法通过这些手段加以控制,因为它们不过是这些手段的结果。(OC Ⅳ:943)

道德强制声称要修正人们犯下的错误,但是却产生了罪恶。我相信卢梭的这些观点依然没有得到正确评价。个人和政府倾向于用道德作为规范行为的基本准则,这似乎增加了不可抗拒的压制性,由此导致卢梭所说的"逃避义务"行为的出现。那么,该如何引导人们的行为?或者,回到对爱弥儿发展的描述上,我们该如何指导儿童的行为?我们要激发孩子的兴趣,用他们的方式展现效用,鼓励他们探索世界,发展和增强他们在实践中的能力。《爱弥儿》的第2卷、第3卷主要致力于讨论这些内容。卢梭一直鼓励爱弥儿提升能力、自立自强、增加胆量,这样他就会成为一个能充分照顾自己、满足自己需求的人。卢梭强调,要时刻保持警惕,防止支配人的欲望再次出现。书中有一些精彩的段落描述了这些内容。卢梭对15岁的爱弥儿的情况进行总结:

> 爱弥儿的知识不多,不过所有这些知识都是属于他自己的……爱弥儿具有广博的观念,这不是通过学习得来的,而是由于他具有获得知识的能力;他头脑开放、思维敏捷,乐于学习,正如蒙台涅所说,他虽然没有经过系统学习,但是他已经具备了学习的能力。(E Ⅲ:207,OC Ⅳ:487)

他也具备新的自我意识和理解能力:

> 我们的孩子在意识到自己是一个独立的个体后,很快就会脱离孩子的状态。这时候,他会比以往更在意对事物依赖……我们培养了一个富于行动、善于思考的人。为了塑造完整的人格,我们还需要把他教育成充满爱心、通情达理的人——也就是说,用情感来使他的理性臻于完善。(E Ⅲ:203,OC Ⅳ:481)

几段后他又写道:

> 他只考虑自己而不管别人,他觉得最好别人也不要为

他动什么脑筋。他不对任何人提出要求,也不觉得自己该对其他人负有义务。他独立存在于人类社会中,所依靠的只是他自己。(E Ⅲ:208,OC Ⅳ:488)

这正是卢梭为人类提出的替代性结构,他要以此取代之前描述的与他人无休止的争斗念头。如他所说,后者常常成为我们生命的存在状态。如果卢梭真的认为,除了偶尔进行实践活动,只要与他人保持距离,就可以给人类的幸福和福祉带来希望,那么我们可以预见爱弥儿的故事到这里就可以结束了,任何进一步的发展带来的都是悲惨、堕落以及伊甸园的迷失,但是没有什么比这更远离真相。事实上,从三段引文中的第二段就可以看出,卢梭需要对"成为完整的人"进行更多论述,《爱弥儿》的第4卷解决的正是这一问题。

## 《爱弥儿》:第4卷

在《爱弥儿》这部皇皇巨著中,卢梭以最大的智慧和热情来描述爱弥儿的成长过程:首先,与他人建立情感联系、关心他人;然后,与他们形成互惠的道德权利和责任,正如卢梭所说,形成"道德秩序"(E Ⅳ:235,OC Ⅳ:522)。做到这关键的一步以后,卢梭认为,我们就能按照自然的足迹,保持人类纯真信念而不会堕落或腐蚀。他说:

不过你首先要知道，虽然我想把他培养成一个自然的人，但是并不是因此要把他赶到森林里，让他成为一个野蛮人。我的目的是，只要他身处社会的旋涡中，不被种种欲望或人的偏见拖进旋涡中就行。(E Ⅳ:255, OC Ⅳ:551)

如此理解卢梭的意图，虽然很好证实，不过还是违背了他对于思维形式的许多假设，正因为如此，在回到《爱弥儿》的主要问题讨论之前，我会先详细分析他对于人的本性的看法，我们有必要重温卢梭的论述，从始至终，他不是在描述孩子的成长年表，而是在分析一种新颖的、与众不同的自我理解结构，并以此为基础建立与他人的联系，形成对自我和对他人的评价，等等。这些结构在人生的不同时期出现，卢梭认为，在某些情况下它们应该推迟出现，由此看来，他并不像我们前面所见的那样仔细探究孩子的发展过程。每一种复杂的自我模式和人类存在模式都是人类幸福完美的希望，它们是贯穿全书的主题。

## 卢梭论"自然"[①]

卢梭怎样理解"自然"和"自然的"？几乎没有什么概念像"自然""什么是符合自然的"这样被赋予如此广泛和多样的意义，也没有什么概念如此依赖于它而存在。毫无疑问，这是卢梭思想中的核心概念。我并不想事无巨细地讨论他对于此观念的

---

[①] 原文"nature"一词有"自然""天性""本性"等多种含义，翻译过程中将依据中文阅读习惯，有时译为"自然"，有时译为"本性"；natural 一词也做同样处理，有时译为"自然的"，有时译为"本性的"。——译者注

布局谋篇,如果那样就要写整个一本书了。我只想强调这一观念中的突出内容,并说明它如何直接影响到对《爱弥儿》的理解和评价。

什么是自然的?一种理解是未被人类触及的,或者是未经过人类设计、制造或使其发生改变或变形的物品。可是,既然《爱弥儿》中导师的规划和指导行为无处不在,这些规划和指导被视为依据自然来培养爱弥儿必不可少的举措,那么以上提到的对自然的理解显然不是卢梭所指的含义。可以看出,导师的角色是预防性的,他要阻止可能给爱弥儿的本性发展带来不良影响的事件的发生,所以他要制造让爱弥儿的本性可以毫不扭曲发展的空间。导师的角色也不限于此,他还要防微杜渐、传授经验、提供学习机会等,所有这些都是为了发展爱弥儿的本性。由此可见,根本不存在随意的、不受干涉的本性。

那么还有怎样的自然观念可以纳入视野?卢梭在《爱弥儿》中思考的自然有两点内容:第一,什么东西自然地属于人类?自然地属于他们的条件、环境和能力?第二,什么样的气质、欲望、态度对人类来说是自然的?让我们先来看第二点。在这一问题上,卢梭基本采用亚里士多德的方式,粗略说来,如果有些内容关涉人类潜能的实现、有助于自我保存以及展现他的个性,那么这些内容是人类的本性,或者说部分是他们的天性(比如,参见K. F. 罗奇:《卢梭:禁欲主义与浪漫主义》,第3页 ff)。这样一来卢梭将"自然"情感表述为:"我们的自然情感是有限的。它们是我们达到自由的工具,它们能使我们达到保持生存的目的。"(E Ⅳ:212, OC Ⅳ:491)

此处所说的情感包括欲望、态度、性情,其中自然的情感有利于自我保存,有助于最终的自我实现。如果你愿意承认,这正是卢梭界定的自然本性的一个重要方面。相反,如果有一些情感会摧毁我们,会削弱或损害我们生命的完整性,那么它们就是违背本性的,是非自然的。卢梭进一步认为,我们身体内任何非自然的情感都会受外界环境的影响而膨胀——虽然不一定是故意的,但是纷杂的世事会影响我们的决定:

> 自爱是我们种种情感的来源,是所有一切情感的本源,是唯一与生俱来且终身不离的情感。它是原始的、内在的、先于其他一切情感的情感,其他情感只不过是它的演变。从这个意义上说,如果你愿意,就可以说所有情感都是自然的。不过大部分演变都是有外因的。没有外因,这些演变就绝不会发生;这些演变不仅对我们没有好处,相反倒有不少坏处,它们改变了最初的目标,违反了内在的原则。人就是这样脱离了自然、走向自我矛盾的境地。(E Ⅳ:212-213,OC Ⅳ:491)

这段话说明,那些对我们有害的情感是非自然的,它们由外因引起。这不仅是卢梭假设的问题,更是他着力论证的内容,想想本章开头《致菲利伯特·克雷默之信》中的说明。我们已经看到,在周围环境的影响下,婴儿的啼哭和愤怒转变成专横的脾气和反复无常的统治。不过我们也看到,可以采用不同的方式对待孩子,这样一来孩子就不那么容易"被愤怒的情绪主宰或是被暴躁的情绪吞噬"(EⅡ:87,OCⅣ:314),他更容易获得快乐。

这种论证模式与卢梭讨论人的善良本性紧密相关。这一图景让人想到,人们本性上温和、慷慨、善良、富有爱心,只是敏感软弱的人类一旦被发现缺乏对堕落的清醒认识,就很容易受到轻蔑对待。如果将这一点与卢梭经常做出的论断相连,就是"人本质是好的……但是……社会让他们堕落或腐蚀"(EⅣ:237, OC Ⅳ:525)的另一种表述。这很容易得出结论,我们有自我开脱的倾向,只会将指责归咎于他人,认为是他们让自己做了不想做的事情,自己却不愿意或无法对邪恶的动机与行为负责。尽管卢梭主导了爱弥儿的私人生活,不过他的理论非常坚实。他认为,那些传统的美好品质(比如仁慈、同情、耐心、慷慨等)正是引导我们过上幸福充实生活的品质,这正是我们确认的"自然"的首要意义;至于那些传统上的"邪恶"性情(比如恶毒、怨恨、专横、卑鄙等)给我们带来灾祸和困苦。通过卢梭的分析可以看到,这些非自然的或反自然的性情因他人对待我们的方式而影响我们,成为我们的一部分。也许有人会对卢梭的论证提出异议,不过毫无疑问,卢梭只是对影响情感的原因做出假设。

我现在转而讨论另一个问题:在卢梭看来,什么东西自然地属于人类?我将通过两段简短引文说明我的观点。比如,卢梭写道:

> 人们不是生来就能做国王、贵族、高官或富翁的。所有人一出生都是赤条条一无所有的;所有人都要遭受人生的苦难、忧虑、疾病、匮乏以及各种各样的痛苦;最后,所有人

都注定要走向死亡。这是人生真实的归宿,是任何人都无法逃脱的命运。(E Ⅳ:222,OC Ⅳ:504)

另外:

> 在自然秩序中,所有人都是平等的,他们的共同追求是获得社会地位。不管是谁,只要受到了这样的教育,就不至于欠缺与之相应的地位……从我的师门走出去,我承认,他(爱弥儿)既不是文官,也不是武将,更不是僧侣;他首先是一个人。一个人应该怎样做人,他就知道该怎样做人;命运可能试图改变他的地位,但是他将始终处于自己的地位上……我们真正要研究的是人的处境。在我们中间,谁最经得起生活的幸福和忧患,谁在我看来就是受到了最好的教育。(E Ⅰ:41-42,OC Ⅳ:251-252)

卢梭的核心观念是,我们很少意识到周围的真实环境,也很少调整自己的期望和行为以便使其与环境相一致,在广大的世界中,我们只是力量有限的个人,耐力有限,生命有限。卢梭大概想说,对于宏伟壮阔、无限潜能、远离死亡的幻想,燃烧着我们的梦想,唤醒了我们的生命,也给我们带来苦难和毁灭。比如,参见《爱弥儿》对于"座右铭"的讨论(E Ⅳ:224-226,OC Ⅳ:507-509)。此时我们在卢梭严谨的论述中发现了一条更隐秘的线索:这些对于宏伟壮阔的幻想,否认了个人与环境之间的边界,让人幻想着免除日常生活的负担。这正是前文说过的对孩子哭闹应对不当而引起的自大意识,这甚至会导致邪恶滋生。

所以人类要充分认识个人局限和环境变迁,对于那些真正属于人的东西心存感激,这与培养人类的自然本性具有相同的意义。当卢梭写道:

> 那么我们可以将人类运用情感的全部智慧总结如下:(1)既要从人类也要从个体去认识人的真正关系;(2)按照这些关系去节制心灵的一切感情。(E Ⅳ:219, OC Ⅳ:501)

这不是笼统的说明,而是在充分研究基础上的评估。他指出一旦对于自己的局限和周围环境理解错误、心存幻想,就会引起不良情绪和性格。这不仅对自己有害,也对他人有害。

## 卢梭论怜悯

我现在回到爱弥儿进入"道德秩序"的节点,他即将卷入"社会旋涡",让我们看看对自我和他人的理解导致了他何种转变,看看为何它们会被视为符合本性或违背本性。现在我们明白了自然本性的含义,一旦爱弥儿(任何人都是如此)进入社会,他们就必然会改变本性或者形成虚假外表。前面已经说过,卢梭将青少年性行为的发生视为关键的"导火索",这是爱弥儿与他人交往的开端:

> 人应该研究的是他与周围的关系。在他只能凭肉体性的存在而认识自己的时候,他就应该根据周围的事物来研究自己,这是他童年时期的工作。当他开始意识到自己是

道德性的存在时,他就应该去研究与他人的关系,这是贯穿他一生的工作。现在是我们开始做这种研究的时候了。

一旦人觉得他需要一个伴侣的时候,他就不再是孤独的个体了。他的心不再孤单,他与别人的种种关系,他心中的所有的爱意,都随之而发生。这第一种激情很快点燃了其他情感。(E Ⅳ:214,OC Ⅳ:493;布鲁姆对本段的注释非常有帮助)

不过卢梭说,不应该将向往爱情放在首位,相反,友谊才是"经过细心培养的年轻人所易于感受的第一种情感"(E Ⅳ:220,OC Ⅳ:502)。这在"少年心中播下第一颗仁爱的种子",使他"产生温柔而真挚的情感"(同前),悲悯同伴、慷慨善良,然而爱的最初冲动很容易导致嫉妒和竞争。

卢梭的这一结论以同情心对人际关系的作用为基础,同情心不会被腐蚀,也不会产生不良影响,它促使人们彼此联系、共同生活在一起。我们在《论人类不平等的起源》中已经注意到同情的重要性,不过此处的讨论更加深入。通过怜悯,我们对他人受到的伤害或痛苦感同身受,这不需要任何权衡(比如交易算计或是诉诸道德原则)。有三种原因使爱弥儿对别人的不幸产生"认同":首先,爱弥儿自己曾经遭受过苦难,所以当他第一次"开始感觉到自己与同胞在一起"时,他就会理解他们遭受的苦难意味着什么(E Ⅳ:222,OC Ⅳ:504)。其次,人类确实"易于受到伤害",那么具有同情心就是针对所有情况和所有人而言,而不是局限于某个特殊个人。再次,从卢梭文本更大的背景看,那些遭受痛苦的人不是威胁或监督我们,而是需要我们的帮助。这激起了人们的同情之心。所以当我们遇到他们时,不容易被激起好斗之心去进行统治权的争夺。面对共同的人性,友好平等的基础一旦建立起来,就能让我们认清自己在他人生活中的位置以及他们在我们生活中的位置,我们并不一定要卷入追求个人优先地位的争夺。不过卢梭警告说,面对同情对象,爱弥儿不想着自己能免于那些困扰,如果他暂时身体健康,也不要以为那是他的功劳或是高人一等的证明。这种想法会滋生支配他人的冲动和霸权意识,而这些只会让我们重返一直试图摆脱的恶意竞争关系(例子见 E Ⅳ:229,251,OC Ⅳ:514,545)。

因同情而建立的人际关系并不是"单向"地由富有同情心的人指向遭受苦难的人,因自然而流露出的同情不会产生欺骗、控制,它只会产生感恩之心。受到帮助的人会感谢和珍视提供帮助的人,彼此尊重的联合体因同情心和关爱而建立。除了挑战和对抗,我们的生命就有了另一片天地,哪怕这只是第一步:

> 只要他(爱弥儿)的情感仍然只限于他自己,他的行为就不含有什么道德意义。只有在他的感觉开始超出个人范围的时候,他才首先有情感,然后具有善恶观念,从而使他成为一个真正的人、一个人类的必要组成部分。(E Ⅳ:219–220,OC Ⅳ:501)

我们已经了解怜悯这种情感,现在需要进一步考察"善恶观念",看看它们如何塑造爱弥儿的观念和他对于自己以及对于他人的理解。

## 爱弥儿和"道德秩序"

卢梭再一次指出,爱弥儿理解和内化道德观念的关键是防止操控他人的欲望的复苏:

> 到目前为止我的爱弥儿都只看到了他自己,所以当他朝向他的同胞投下第一道目光的时候,他就开始把自己和同伴进行比较。这种比较首先刺激了他想要争第一的欲望,由自爱转变为自尊的关键点就在这里,因自尊心而产生的种种情感也是在这里开始出现。(E Ⅳ:235,OC Ⅳ:523)

但是正如卢梭随后强调的,希望获得身份地位的自尊心并不一定会导致满怀恶意地攻击他人,文章继续写道:

> 但是要辨明在他性格中占据主导地位的究竟是博爱绅士还是粗鲁阴险,是仁慈宽厚还是嫉妒贪婪,我们就必须了解他自认为在人群中占据什么样的地位,他觉得要获得自己所希望的地位需要克服哪些障碍。(Ibid)

所以对爱弥儿来说,问题的关键是,他要理解在人群中最好处于何种位置。随之而来的结论是,他要明白优势、权力和财富的竞争只会带来虚幻的收获和虚假的奖励:

> 他是一个人,他要关心自己的兄弟;他为人公正,他要评判他的同辈。当然,如果对他们评判准确,他就不想成为他们中间的任何一个人:他们之所以有种种痛苦,完全是因为他们为了达到根据自己的偏见而设想的目的,而他是没有那些偏见的,在他看来那些目的无异于海市蜃楼……他同情那些可怜的国王,他们反而被服从者所奴役;他同情那些虚假的聪明人,他们为虚名所束缚;他同情那些愚蠢的有钱人,他们是浮华生活的殉葬品。(E Ⅳ:244, OC Ⅳ:536)

爱弥儿乐于拥有健康的体魄,他保持自我克制,只有很少的需求,他成为社会共同秩序的一员,他深知这是一种富足而完满的生活状态,所以决定放弃那些虚幻的回报和通行的弊病。

这会带来什么后果?自尊心的核心诉求是获得来自他人认可和尊重,一旦自尊心得到满足,我们就会清楚地知道应该如何对待他人——不是奴颜媚骨地曲意逢迎,而是保持彼此尊重,视我们为平等的人类主体。此处有一个更重要的推论,自尊心的满足始终与他人相关,但是自我价值感并不一定来自统治他人或将他们视为低等生物(见 E Ⅳ:251, OC Ⅳ:545)。我们在第3章已经详细讨论过这一观点的本质和后果。人们在平等和尊重的基础上进行交往,这就指明了,抛开虚妄自大和羞辱他人,人们应该做些什么。康德显然借鉴了卢梭,他用自己的语言阐述了一个相当类似的观点:

> 仁爱来自自爱,这是自然情感,在比较中产生……也就

是说,我们通过与他人比较而感到开心或沮丧。自爱心使人们在他人的评价中获得价值,为了不让别人超过自己,这种最初只是追求平等的愿望,就要不断约束他人,以防止他人获得优势,由此逐渐形成了希望自己超过他人的不合理渴求。(Kant, Religion Book Ⅰ 第1节, 22)

获得荣誉和得到报酬并不相同——卢梭并不完全排除这一点——他坚持的是人们得到的报酬应该与他为共同体付出的服务成正比,而且绝不能剥夺任何人的基本尊严,这是每个人的绝对义务。

因此,从卢梭文本中这些关键论述中,我们可以了解到,我们如何进入社会,又如何在与他人交往中获得相应的社会地位。正如他人也要通过我们获得他们的地位一样,这不一定会自动产生竞争,那种竞争只会导致自我疏离和痛苦生活。所以卢梭可以在不放弃其基本原则或不与其原则相违背的情况下,继续思考人类社会的最好形式,而不必涉及人类自然本性的堕落。更学术化的说法是,这表明将自爱心和自尊心视为互相排斥的观点是错误的。只要自尊心是建立在公正评估个人应得的基础上,就可以成为获得幸福的必要条件,这有利于个人从自爱心中寻找自我。

我相信这是《爱弥儿》的核心观点:个人不一定会被社会腐蚀,但是社会保护人们的自然本性、预期幸福和完整生活的方式与我们常见的方式并不相同。我们将在下一章仔细考察卢梭对于人类社会新蓝图的设计,在此之前,我们也要注意卢梭谈到的爱弥儿教育的另一些问题,比如宗教教育、爱情教育和政治教育。我在下文将依次讨论这些问题。

## 《一个萨瓦省神甫的信仰自白》

《爱弥儿》第 4 卷包含了一个篇幅不短的独立段落,卢梭称之为《一个萨瓦省神甫的信仰自白》(E Ⅳ:266 - 313,OC Ⅳ:565 - 635,以下简称《信仰自白》)。在这部分内容中,卢梭充分翔实地论述了宗教的性质和基础、上帝的本质、上帝与其创造物的关系、宗教信仰与道德之间的联系。他强烈批评将重大事项归之于奇迹和天启的做法,也反对不同教派之间的宗教不宽容。这段文章与个人信仰和行为相关,是理解卢梭宗教观念的重要文本,至于宗教在公民社会中的地位则留待本书第 6 章讨论。虽然宗教教育和宗教作用紧密相关,不过既然卢梭进行了实质上不同的讨论,那么我们有必要对它们分别对待。

卢梭在《爱弥儿》中引入信仰问题是为了向爱弥儿介绍宗教观点,描述个人信仰的种类,这种良好的教育有助于培养和保存他的自然本性。前文第 2 章已经说过,正是这一章节给卢梭带来巨大责难和不幸,他批评天启、谴责教会的残酷行为,这让教会(尤其是天主教会)觉得受到了极大的冒犯。

《信仰自白》在卢梭与虚构的萨瓦神甫热烈谈话中展开,据说神甫这一人物形象及其观点部分来源于卢梭早年遇到两个人,一位是他在都灵遇到的盖姆神甫,另一位是 1729—1730 年间他返回安纳西时与之短暂学习的盖尔神甫(见《忏悔录》第3章 117-119,OC Ⅰ:118-120)。卢梭将性生活不检点归咎于他想象的这位神甫,这最后导致他丢掉工作并引出《信仰自白》中的深刻反思。由于卢梭没有直截了当地用自己的语言呈现这些反思,所以这些观点到底是不是卢梭自己的想法还有待确定。不过从《信仰自白》中卢梭讨论的其他段落中可以明显看出,这确实包括了他自己深思熟虑的想法(比如 RSW Ⅲ:55,OC Ⅰ:1018;对比 O'Hagan:238)。我现在开始简要论述神甫的论点。

在受到批评后,神甫陷入犹豫彷徨之中,他首先转向哲学家寻求帮助,以便重建令人信服的信仰。虽然这清晰地回应了《论科学与艺术》(比如参见 DSA:16-17,OC Ⅲ:18-19),但是他发现他们"只擅长破坏性的批评"(E Ⅳ:268-269,OC Ⅳ:568-569),由此出发神甫得到重要启示,人类对于信仰的理解能力有限,我们应该仅仅试图了解那些我们需要知道的、关乎我们核心利益的事情,检验违背我们基础感情的观念,避免大而无当的理论:"我决心将出自我内心的、无法抗拒的知识视为不言自明的;将与第一知识紧密相关的知识视为真实可靠的;至于其余的则是存疑不论的。"(E Ⅳ:269-270,OC Ⅳ:570)由此可知,人类不是消极被动的感性生物,而是主动有智慧的生物。除了人类,其他物体似乎只是被动的,并不能自发运动。这意味着,物质世界的运动必然是出自其他自发运动,而其他的自发运动正是意志运动的结果。这就为神甫的第一教义(或信条)奠定了基础:"我相信意志推动了宇宙运动,使自然具有生命。"(E Ⅳ:273,OC Ⅳ:576)物质运动不是随意的,而是有章可循的。这就推导出第二个信条:"如果运动的物质向我展现出意志,那么依据法则而运动的物质就表明存在一种智慧,这就是我的第二个信条。去行动、去比较、去选择,这些都是积极的、有思想的存在的表现,所以这个实体是存在的。"(E Ⅳ:275,OC Ⅳ:578)在形成这一思想后,神甫(卢梭)总结说:

> 我相信世界是由有力量的、有智慧的意志统治的。我看到它,或者说,我感觉到它……这个有意志的存在是有力量的,它能自行活动,推动宇宙运动、安排万物的秩序,不管它是谁,我都称它为"上帝"。这个名称汇集了我所有关于智慧、能力和意志的观念。如此一来,它必然具有仁慈的观念。不过,这并不表明我对这个词认识得很清楚,它隐藏于我的感官和理解力之外。(E Ⅳ:276 - 277,OC Ⅳ:580 - 581)

在得出第三个也就是最后一个教义之前,神甫进一步反思了人的本质以及人在上帝确立的宇宙秩序中的位置。通过对比人类和其他物种的理解力,他说:"在神统治的秩序中,人类'毫无疑问列于首位'。"(E Ⅳ:277,OC Ⅳ:582)这足以让我们去感谢仁慈上帝的保佑。但是,当我们审视真实的人类社会时,我们并没有看到神圣和谐中弥漫的共同喜悦,相反,社会充满混乱、冲突和骚乱。这种现象是如何形成的?

为了回答这一问题,神甫(卢梭)论述了人性构成。令人惊讶的是,这与他在其他文章中的大量论述意见相左,我会在后文对比其中的差异。此处他写道,人的本性中存在"两种截然不同的原则":"一种……会促使人去研究永恒的真理,去热爱正义和美德,进入智者怡然沉思的知识的世界;而另一种则会让人故步自封,让他成为感官和欲望的奴役。"(E Ⅳ:278,OC Ⅳ:583)不过这取决于我们手中的"原则",它们支配着我们的行为、主宰着我们的生活,作为智慧的、有意志的人,我们能决定自己的选择和行为。这就是神甫所说的第三个信条:"人类在行动中是自由的,这种自由受到无形的物质实体推动。"(E Ⅳ:281,OC Ⅳ:586-587)所以人类生活的混乱和痛苦不能归咎于上帝的失败:

> 上帝绝不会希望人运用他赋予的自由去做邪恶之事,不过他也不会阻止人们去做坏事。这要么是因为如此柔弱的人所做的坏事在他眼里实在算不得什么;要么是因为他若想阻止,就不得不妨碍人的自由,从而损害人的天性而做出更大的坏事。(E Ⅳ:281,OC Ⅳ:587)

正是我们滥用了自己的能力而造成了不幸和邪恶。卢梭承认,在这个世界上恶人常常兴旺发达,但是无形的灵魂至少会让我们认识到死后一切将恢复平衡。或者,相反,我们可以通过其他方式更好地理解这种矛盾:

> 如果我无法证明这个世界中是灵魂无形,而不是邪恶之人获得胜利、正义之人受到压迫,那么仅此一点就能阻止我怀疑它。被和谐宇宙中的种种不一致之事震惊的我要去

> 寻找答案……当身体和灵魂的结合被打破时,我相信前者会消亡、后者将得以保存。(E Ⅳ:283,OC Ⅳ:589-590)

接下来神甫开始思考从这些信条中能推导出何种行为准则。他指明了良心的本质和作用,要以良心作为感受能力来体验某一事物是否适合我们的本性。我们知道本性是健康有益的,上帝深谋远虑地安排了富有秩序的和谐生活,但是我们滥用自由而打破了这种宁静:

> 良心是灵魂的声音,激情是肉体的声音。令人惊讶的是这两种声音常常是矛盾的,我们到底该倾听哪一种声音?……良心绝不会欺骗我们……按照良心去做就是服从自然本性,就不用害怕误入歧途。(E Ⅳ:286-287,OC Ⅳ:594-595)。

神甫(卢梭)赋予良心崇高的地位,他称其为"神圣的本能,不朽的天启之声,正是它指引了虽是蒙昧却依然是聪明自由的人"(E Ⅳ:290,OC Ⅳ:600-601)。在 1757—1758 年冬天他写给苏菲·乌德托夫人《道德信札》的第五封信中,他在总结的时候也使用了同样的术语。在一个值得注意的段落中,神甫总结了善人与恶人之间的区别:

> 不同的是,好人总是先众人然后自己,坏人则总是先自己然后众人。坏人做所有事都以自己为中心,好人则要衡

量自己的活动范围并保持不逾越规矩。所以好人要按共同的圆心(即上帝)、所有的同心圆(即上帝创造的人)来确定自己的地位。如果上帝不存在,那么就只有坏人才懂得道理了,至于好人只不过是一群傻瓜。(E Ⅳ:292,OC Ⅳ:602)

神甫正面阐述了自己对于这一问题的观点,他承认虽然自己满怀诚意,不过仍可能出错。年轻的卢梭认为自己听到的这些观点似乎意味着"基督徒企图将有神论(或自然宗教)混同于无神论(或非自然宗教)"(E Ⅳ:294,OC Ⅳ:606)。神甫欣然同意这一点,不过他认为没有必要继续争辩。我们进一步发现,这些狭隘的教义使人变得"骄傲、偏执和残酷"(E Ⅳ:295,OC Ⅳ:607)。由此出发,他开始批评神迹、天启以及孤立的宗教秩序。神甫坚持认为,对于上帝的真正崇拜来自内心,而不需要任何特定的仪式或举动作为拯救的条件。为了证实这一点,教会需要找到证据,证明只有遵从诸种宗教仪式的人才是值得称赞的,而那些不履行仪式的人将会受到诅咒。可是所有支持这些指控的证据都缺乏可信性,我们发现检验这些证据的只是自称的权威,而欺骗和诡辩在其中无处不在:

现在你可以看出,你所谓的超自然的证据、奇迹和语言究竟是怎么回事:因为别人相信那些东西,你自己跟着就相信,这完全是让人的权威凌驾于赋予我理性的上帝的权威之上。如果我心中接受的永恒真理能被削弱,那么就再没有什么东西是值得我相信的了。我不仅不相信你是代表上帝对我说话,我甚至都不能确定他是否存在。(E Ⅳ:301, OC Ⅳ:617)

神甫强调,无论何时,仁慈善良的上帝怎么能让"绝大多数的创造物都注定要受到永久的折磨"?(E Ⅳ:299-230,OC Ⅳ:614)。这并不依赖于人类证明或书籍记载,而是在自然之书中。人人都能理解,我们要"学会真心诚意地崇拜上帝"(E Ⅳ:306-307,OC Ⅳ:625)。然而有一本书不受这种约束的限制:《圣经》——尤其是四福音书——描绘了爱情、怜悯、互助和信任。这是仁慈的上帝的基本教导,不需要特殊天启或教派忠诚来辨明这一点:

> 真正的宗教义务是独立于人类制度之外的……出自内心的信仰是神灵的真正殿堂……无论你在哪一个国家、哪一种教派,都要将"爱上帝胜于爱一切"和"爱邻人如同爱自己"作为法律的总纲……任何宗教都不能免除道德义务……只有道德义务才是真正的要旨……内心崇拜是这些义务之首,没有信仰就没有真正的美德。(E Ⅳ:311-312, OC Ⅳ:632)

这就很容易理解为什么天主教当局要谴责这些观点,哪怕卢梭提出的大部分观点没什么独创性,从最初的原因到设计的论证都鲜有复杂性,也没有太大的影响。由这些材料出发,我想讨论三点内容。第一，卢梭对于人性构成的观点。我曾说过，奇怪的是，这与他在其他地方关于此问题的看法有所不同。第二，我想稍微多花费一点笔墨分析卢梭对良心的论述。第三，看看他如何论述无神论。

先看第一点。就我所知，我们在卢梭的其他著作中很难发现人性二元论的暗示，然而在《信仰自白》中，他将理智和自由归结于一个"原则"，将情感和服从归结于另一个"原则"，两者彼此相反。不仅如此，他还将邪恶归咎于滥用自由，纵容自己被肉体的欲望所引导，这与前文讨论过的、他苦心论证的邪恶起源于外部环境相矛盾。另一例子是奥·哈根，他也发现了卢梭思想中的紧张之处，并进行了有力论述。

> 卢梭被两种相反的、能带来完美生活的观点驱动。
> 一种是自然主义的世界观。这种观点认为，人类是独一无二的，具有不可还原的物质属性，但是与此同时……他们应该努力实现理想中的完满形态，只有在个人和环境之间建立（或重建）平衡时才能达到这种状态。
> 另一种是责任和美德的义务论观点。这种观点认为人类本质上是分裂的生物，人类本性中的分裂只能被控制而无法被超越。（O'Hagan:271）

我在其他论述中已经展现了奥·哈根所说的自然主义观点，我依然相信那是卢梭的核心思想，是他最重要的观念之一。不过不可否认自然主义与《信仰自白》中信条的差距，这两者很难和谐共存。

第二,对于卢梭良心观的几点再认识。《信仰自白》中对于人的道德能力的论述与卢梭其他论述并不存在明显的连续性,因为他根本不认为良心是人类道德意识和道德动机的唯一来源。比如,同情心可以直接促使我们产生慷慨、宽容和正义之心,我们并不需要诉诸良心。不过在更深的层面上,可以看出他对这些问题的整体思考。如果人们在良心的引导下自由地选择善,他们就大可放心,自己选择的善与上帝创造的人与人之间、人与世界之间的善的秩序相一致。良心的"声音"表达了人类对适当的内在秩序的需要。保护良心是真正的善,是每一个人的真实需要,良心引导人们依据上帝的整体设计而行动。良心的声音并不是上帝对人们的直接启示,相反,它是每个灵魂深处都存在的和谐的回声,如果仔细聆听,就会激励人们通过自己的行动去追寻上帝的仁慈工作。由此可知,情感由同情心激发、由良心推动。在卢梭看来,同情心和良心具有共同的基础。在这两种情况下,正是我们的内心指引我们依据本性和表现出来的善而行动,良心要求我们的全部本性体现为上帝整体设计的一个要素,而同情心则只不过全部本性的一个部分,不过这两者都来源于善的秩序。卢梭大概相信,这种秩序能和谐地促进个人利益和他人利益,他这样表达自己的确信:"我只问自己想要做什么,所有我觉得是好的,就一定是好的,我觉得是坏的,就一定是坏的。"(E Ⅳ:286,OC Ⅳ:594)这种说法也许不够谨慎,不过这也体现了一种特殊的解读角度。卢梭似乎自称是善与恶的创造者和仲裁人,这就超越了任何道德准则。他事实上认为,从根本上说,他并不属于自己,命运和职责早已铭刻在他的身上,他要做的就是识别出("意识到")这一命运,然后依据其指引的方向自由行动。

第三点也是最后一点,我想简要评述卢梭在《信仰自白》中的无神论观点。在本段末尾的一个大段注释中(E Ⅳ:312 - 314,OC Ⅳ:632 - 635),卢梭强调无神论比宗教狂热具有更致命的后果。在他看来,"无神论迷恋生命,使人的心灵变得脆弱堕落,把所有的热情都集中于卑鄙的私人利益和卑贱的自身,逐步败坏每个社会的真正基础"(同前);反之,"宗教狂热……不过是一种巨大强烈的热情,它鼓舞人心……赋予人巨大动力,只要好好加以引导,就能产生出崇高的德行。"我认为这些充满激情的论述,低估了"更好地指引"狂热的宗教激情的难度,那是一件非常困难、甚至是不可能的事情。不过这些表述也证明了,在寻找将爱和宽恕视为至上美德的宗教时,他绝不认为人类社会可以在宗教信念缺失的情况下繁衍生息。对他来说,问题的关键是,如何利用宗教来维护社会纽带、保障人们对公平正义的承诺。我们将在下文第6章看到他对公民宗教的讨论。

总之,正如指出的那样,我认为《信仰自白》的许多内容与卢梭在其他文章中的内容相左,他没有很好地说明宗教信仰的基础,不过他又有着真诚深刻的信仰。我想这种真诚来自前文所引的《福音书》:"爱上帝高于爱一切,爱邻人如同爱自己。"

## 《爱弥儿》:第5卷——苏菲,或女性

《爱弥儿》的最后一卷(第5卷)描写爱弥儿在导师指导下的最后几年时光。他逐步走向成熟,虽然到最后,爱弥儿依然希望让-雅克继续指引自己(见 E Ⅴ:480,OC Ⅳ:868,同时对比 E Ⅳ:316、325,OC Ⅳ:639、651 论师生关系的变化条件)。这一卷讲述了旅游和基本政治知识,不过首先考虑的是爱弥儿坠入爱河,他准备结婚和建立家庭。卢梭在第 4 卷中提到爱弥儿需要一位伴侣,他管她叫苏菲(E Ⅳ:328 - 329,OC Ⅳ:657),在第 5 卷他用相当大的篇幅描写苏菲的性格、成就以及爱弥儿对她的追求。由于这是对女性的本质、教育和角色进行实质性论述之前的序曲,所以我将从这里开始讨论。

卢梭的女性观点受到广泛批评,我们很难否认这些批评。他非常推崇父权制。在这样的家庭中,男性积极而坚强,女性被动而软弱,女性依靠男性的社会地位和荣誉而生活,她们必须时刻注意自己的外表和他人对自己的评价,女性不适合抽象研究,只能从事实践性的家庭工作,如此等等。他试图对这些观点进行论证。不过正如这些观点本身是站不住脚的一样,他的论证并不成功,而且常常与他在其他作品中的观点不一致。他为了改进这一不合时宜的论述而提出的若干观点(只有几点),并不能弥补他主要论点论证乏力的问题。也许有人认为卢梭是他那个时代的产物,希望他提出与当今时代相符的观点是不切实际

的。不过这一辩护并不充分。首先,卢梭显然清楚,自己提出的女性观与当时的观念逆流而行,所以他并不认为自己是所处时代的产物;第二,卢梭在其他作品中反对当时思想时并没有遭遇太大的瓶颈,所以如果没有进一步的解释,就不能将他没能更彻底地思考女性问题归结于他无法超越当时的习俗和期望。我将简要介绍一下他对于这个问题的基本观点,说明我称之为改良的婚姻关系,最后总结爱弥儿和苏菲的恋爱、结婚及婚后生活。

卢梭开篇讨论男女的异同:"就他们的共同方面来说,他们是平等的;就他们相异的地方说,他们是无法比较的。"(E V:358,OC IV:693)很快就可以看出,男女的差异性似乎比相似性更重要,就连卢梭自己都承认,这些差异性的道德后果给女性造成很大伤害。卢梭非常重视性别组合中男女角色具有不可改变的差异并产生相应后果。前面已经提到,男人是"积极主动、身强力壮的",女性是"消极被动、身体柔弱的"(E V:358,OC IV:693),从这里可以看出,"女人是专门用来取悦男人的……是用来被男人征服的"(同前)。不过卢梭由此推断,在两性较量中,女人可以像男人控制女人一样来控制男人:"一条亘古不变的自然法则是……给予女人更多的便利去激发男人的欲望,而男人想要满足女人则没有那么容易。这就使得男人无论愿意与否,都要以女人的兴趣为转移,他反而要去取悦女人,以便让女人承认他是强者。"(E V:360,OC IV:695-696)他继续写道:"女人之所以能驾驭男人,并不是因为男人愿意被他们驾驭,而是由于自然赋予她们这样做的能力。"(同前)最后他总结说:"女性以女性的身份做事,效果会更好;以男性的身份去做事,效果就比较差。无论在何处,只要她们善于利用自己的权利,她们就可以占据优势;但是如果她想篡夺我们男人的权利,她们就必然不如我们。"(E Ⅴ:364,OC Ⅳ:701)

我们很难知道是什么原因造成了这种两性行为模式,据说这是在性唤起和性满足之间自然差异的必然联系。卢梭自己很清楚,许多人并不像他描述的那样生活。他一直谴责风尘女子和浪荡公子的"淫荡"行为违反了自然秩序,而不接受在这方面显然不存在自然秩序的观念。前文讨论的卢梭关于什么是"自然本性"的观点无法对这一问题做出有效解答。

至于男女结合的后果,卢梭的论述也不那么令人信服:

> 两性之间的义务也不可能是绝对相等的。如果女人在这个问题上抱怨男人做得不公平,那是不对的。这种不平等现象不是人为的,或者说,至少不是由于偏见造成的,这种不平等是合理的。由于性别的特征,既然大自然要委以女性生育的责任,她就要向对方负责。毫无疑问,任何人都不能背信弃义。任何一个不忠的丈夫,如果他的妻子已经尽到女性的艰巨职责,而他居然要剥夺她应当享受的唯一回报,他就是一个不公正的野蛮人。如果妻子不忠诚,那么后果就更为严重,她将拆散家庭、打破自然的一切联系。由于她给丈夫养的是私生子,她就既出卖了丈夫也出卖了孩子。她不仅不忠诚,而且还不贞洁。我还没有发现哪一次乱伦和犯罪同不忠实的女人是没有牵连的。(E Ⅴ:361,OC Ⅳ:697)

在我看来,卢梭此处未能给男女义务不对等提供有效论证,他对于父权家庭这种特殊模式的迷恋似乎并没有理由——至少他没给出足够有力的依据。

卢梭强烈赞同"女性有义务保持外表光鲜"(同前),他详细论述了这一问题:

> 由于自然法则的作用,女性无论是就自身来说,还是就她们的子女来说,都要听凭男性的评价。她们不仅值得尊重,而且还必须有人尊重。……她们的荣耀不仅来源于自己的行为,也来源于自己的名声,一个别人眼中声名狼藉的女人不可能品行正当。一个男人只要行为端正,他就可以只依靠自己而勇敢地面对公众的评判;但是一个女人,即使行为良好,她的工作也只不过完成了一半,别人对她的看法和她的实际行为对她来说同等重要。……世人的评论是葬送男人美德的坟墓,却是荣耀女人的王冠。(E V:364 - 365,OC IV:702)

这一令人痛心的观念在以下论述中达到顶点:

> 女人要屈从于男人,即使男人有不公正的行为也要加以忍让。可是你绝不能用这样的标准来约束男孩子,因为他们的内心将激起对于不公正行为的反抗。(E V:396,OC IV:750 - 751)

这是一个令人遗憾的说法。不过文中也有几段也暗含了更平衡性的论述,我们值得花一些时间来阅读一下。这些内容与上述段落并不一致,卢梭说:

> 如果我们不把公众偏见当作女性应该遵守的法律,我们怎么会降低她们的地位呢?在人类中有一种法则先于偏见而存在,所有人都要在这条法则指引下坚定不移地前进,它要对人类的偏见进行裁判,而男人的看法只有与法则吻合时才能得到我们的尊重。(E Ⅴ:382, OC Ⅳ:730)

哪怕卢梭此时似乎给女性提供了独立判断和摆脱男人偏见的基础,他依然坚持"法则"指引女性服从丈夫,否则就是错误的信念(同前)。几页之后他继续写道:"女人是男人良好行为的天然评判者。"(E Ⅴ:390, OC Ⅳ:742)但是他此处又是所言甚少,我们没有看到任何纠正女性从属地位的实质性论述。我认为卢梭显然对自己的立场不完全满意,这提示我们用另外一种途径来思考性别与未得到充分发展的女性权利之间的关系。

值得欣慰的是,当我们从一般规则转到特殊情况,我们发现苏菲身上具有许多远超期待的品质。虽然卢梭重申苏菲的荣耀来源于她的未婚夫,她要安心于自己的地位并且遵从丈夫,他也强调苏菲感兴趣的是人而不是"猴子"。这就意味着,苏菲感兴趣的是拥有美德和正直品质的人,而不是那些通过胡闹来取悦她的人(E Ⅴ:404, OC Ⅳ:761)。同样的,尽管卢梭强调妻子的地位来源于丈夫,他也认为最好的夫妻并不是"在一定条件下相配的双方",而是那些"无论身处何种环境、无论住在什么地方、无论占据什么社会地位,都彼此相配的人"(E Ⅴ:406,OC Ⅳ:764)。尽管卢梭关于女性的地位和角色的理论为苏菲预设了社会地位,但是这些表述似乎留有一丝希望,苏菲事实上仍然可以具有一定的独立性和自主权。

本书第 2 章已经说过,卢梭给《爱弥儿》写了一个简短续篇,名为《爱弥儿与苏菲》(或《孤独的人》)。这篇文章在他生前没有完成,也没发表。续篇由爱弥儿写给导师的两封信构成,信中诉说了他与苏菲的不幸遭遇。在女儿去世后,他们搬往巴黎,但是苏菲已经不再忠诚,爱弥儿离开了她和法国,他被阿尔及利亚统治者俘虏并奴役,但是他凭借杰出的能力成为统治者有价值的顾问。这些信件没有什么重要内容,除了它们可能揭示出,卢梭也认为,就算人们从小受到良好教育和指导,想要通过远离城市生活来保护自己、追求幸福的机会是非常渺小的。不过很难确定卢梭的真实意图是什么,我们无须分享他自己的判断(如果那就是他的判断)。

## 爱弥儿的政治教育

在《爱弥儿》结尾部分,爱弥儿开始旅行。其目的至少是考验他对苏菲或苏菲对他爱情的牢固程度。不仅如此,还有一个更重要的目的,卢梭在一个重要的段落中总结道:

在爱弥儿研究了自己和事物的物理关系、研究了自己和他人的道德关系之后,他还需要研究自己与同胞之间的公民关系。为此,他首先需要研究一般政府的性质,接下来是政府的各种形式,最后是他出生地的那个特别的政府。(E Ⅴ:455,OC Ⅳ:833)

通过旅行来学习各种政府形式是非常有效的方式。抛开多余笔墨,在这些文字中我们获得了一个简要但是有益的总结,它概括了《社会契约论》的主要观点和论据。此处我暂时不讨论这些材料,具体问题有待下一章分析。我们应该意识到这些文字的重要性,因为它比《社会契约论》更清晰和易于理解。此处我们应该注意到一个更普遍的观点,卢梭显然不认为爱弥儿在追求完整幸福生活的过程中,"物理关系"和"公民关系"之间存在断裂,虽然这两者面临的问题和挑战是完全不同的。我认为这显然支持了我的观点。总体上看,卢梭并不认为社会或公民生活一定会被腐蚀或败坏,问题是究竟哪种生活才具有这种不被腐蚀的特殊品质,他的目的就是找出这种对人有益的社会。我们将在下一章继续分析他的观点。

## 拓展阅读

Roger D. Masters, *The Political Philosophy of Rousseau*。Princeton: Princeton University Press, 1968, chapters Ⅰ-Ⅱ。对《爱弥儿》作了出色的讨论。

N. J. H. Dent, *Rousseau*。Oxford: Basil Blackwell, 1988, chapter 4。更详细论述本章观点。

Allan Bloom, 'Introduction' to *Émiler. Allan Bloom*。New York: Basic Books, 1979; London: Penguin Books, 1991。一篇有趣的解释性文章。

Joel Schwartz, *The Sexual Politics of Jean-Jacques Rousseau*。Chicago: Chicago University Press, 1984。详细论述卢梭对于男人、女人及性的看法。

Laurence D. Cooper, *Rousseau, Nature, and the Problem of the Good Life*。University Park, PA: Pennsylvania State University Press, 1999。详细论述良心在卢梭思想中的地位。

Ronald Grimsley, *Rousseau and the Religious Quest*。Oxford: Oxford University Press, 1968。详细论述《信仰自白》及卢梭其他的宗教观。

K. F. Roche, *Rousseau - Stoic and Romantic*。London: Methuen, 1974。很好地论述卢梭的自然观。

# 第五章　社会契约论

## 引言以及本章主旨

《社会契约论》起源于1743年卢梭任法国驻威尼斯大使的秘书时的构思。他打算写作一本综合性研究政治制度和政治过程的著作，暂定名为《政治机构》。虽然当时这本书进展甚少，不过从《论政治经济》(1755—1758年)看，《社会契约论》中的一些核心观点在当时已经形成。正如《社会契约论》序言所说，18世纪50年代中晚期卢梭最终放弃了他的宏大计划，他决定"抽出其中能留下的部分，其余则全部烧掉"(C 10:478, OC Ⅰ:516)，"抽出来"的这些内容被加工成《社会契约论》和《爱弥儿》。这两部书在1762年的一个月内相继出版，《社会契约论》出版于4月，《爱弥儿》出版于5月。第4章曾说过，《爱弥儿》第5卷包括一个高度浓缩、但是相当有益的摘要，表面上看这属于爱弥儿成年期政治教育的一部分,实际却是对《社会契约论》核心思想的概括。另外,保留下来的《社会契约论》早期草稿包括一个重要片段,它本来打算用于《社会契约论》第1卷,现在通常被称为《论人类一般社会》(《合集》:169ff,OC Ⅲ:281)。

《社会契约论》一直被视为卢梭最重要的作品,得到人们广泛阅读,它与柏拉图的《理想国》、霍布斯的《利维坦》、黑格尔的《法哲学》以及其他经久不衰的作品共同构成政治哲学的经典著作。不过我们前面已经看到,卢梭认为《爱弥儿》是自己最好的作品,而《社会契约论》在当时的接受程度绝不及今天所获得的地位。我相信,如果我们理解了《爱弥儿》的核心观点,同时借鉴《论人类不平等的起源》中卢梭对现代社会的批评,我们就会更好地理解《社会契约论》。不过,我认为在某些方面,《社会契约论》的结构和条理并不十分清晰,这也许背离了他最初复杂的构想。比如,第4卷中卢梭用大段篇幅讨论罗马共和国,这与作品的主题并不紧密相关,而全书最重要的概念公意则分散在各个章节,这不利于读者清晰准确的理解。

本章将首先考察卢梭笔下公正合法的社会秩序的基础以及与此相关的内容。卢梭讨论了建立和维持这种秩序的社会文化前提(《论政治经济》提出了这一主题),他还分析了宗教在国家中的作用。《社会契约论》共有4卷,大体说来,第1卷讨论合法的公民社会的建立基础,第2卷论立法,第3卷论政府的本质和作用,第4卷进一步谈立法,同时也包括罗马共和国和公民宗教。我将大致按顺序介绍这些章节,不过也有一些例外,由于卢梭的公意分散于全书,这就需要将它们整合起来,至于另一些主题,比如公民宗教,我会留到下一章分析。我要审视卢梭是否成功塑造了一个政治共同体,在这里,人们如他所愿地生活在一起,共同体为人们提供了尊重、正义和幸福的基础,使得人们免受在大多数社会中所遭受的损害和痛苦。

## 《社会契约论》第 1 卷

第 1 卷开篇卢梭就追问道:"从人类的实际情况和法律的可能情况看,社会秩序中是否存在某些合法而又确定的政治规则?"(SC Ⅰ:181,OC Ⅲ:351)几行之后,他提出了那个著名的论断:"人生而自由,却无往不在枷锁中……这种变化是如何形成的? 我不清楚。是什么使这种变化成为合法的? 我自信能够解答这个问题。"(同前)卢梭的确认为自己知道这种变化是如何形成的,他在《论人类不平等的起源》和《爱弥儿》中曾详细讨论过这一问题。同时值得注意的是,卢梭此处的观点几乎是对《论科学与艺术》开篇的回应,那写于十多年前的文章指出:"政府和法律在人们日常生活中为人民提供安全和福利,艺术、文学和科学虽不那么专制,但是也许更强大有力,它们给压制人们的枷锁装点了许多花环。"(DSA:4-5,OC Ⅲ:7)这两段开头都凸显了卢梭对于合法性的关注。他并不关心规则和命令如何在社会中运作,他关心的是为规则和命令寻找到合道德的、合理性的基础。另外,我们还会看到卢梭对于社会自由的关注,他对于这一问题的看法复杂且多样,我会在后文进行特别分析。

卢梭首先批评了两种试图解释统治正当性基础的观点。第一种观点把国家比作家庭,认为人民在统治者的权威下生活就像孩子在父亲的权威下生活(卢梭在其他文章中也用大段篇幅讨论这一问题,见 DPE 128 - 130,OC Ⅲ:241 - 243)。卢梭反驳说,只有当孩子们需要父亲的保护时,这种家庭关系才得以存在,一旦这种需要停止,"自然的联系也就解体了"(SC Ⅰ:2、182,OC Ⅲ:352),如果他们依然保持着联系,那仅仅是出于自愿或依惯例行事。我相信,只有极少——如果有的话——严肃的思想家会认同这种政治合法性。不过我们不要忘记,政治领袖常常被称为或自称为"人民之父"。很显然,这种思考政治权威和政治联盟基础的方式,仍然具有感情上的号召力量。当然,从广义说,许多人会认为,有必要以民族或宗教联系来巩固国家稳定性,毕竟仅仅依靠同意还不足以保证这一点。我们在下一章将看到卢梭对于这种重要纽带的论述。

接下来在第1卷第3章中,卢梭讨论支配力量(武力)是否创造了统治的权利和服从的义务。他又一次轻松地处理了这一问题:"向强力屈服,只是一种必要的行为,而非出于意愿的行为——它最多只不过是出于谨慎。在哪种意义上,它才可能是一种义务呢?"(SC Ⅰ:3,184,OC Ⅲ:354)他的观点相当有说服力。

既然已经清除了障碍,卢梭开始转向建设性论点。如我所说,他关心的是合法秩序的起源和基础。我们需要追问,是什么促使人们走到一起形成"约定"联盟,而这种联盟并不是建立在感情纽带或强制性压力之上。我们还要追问,这种联盟将采取什么形式,以保证统治者会规范自己的行为,并在联盟中可以合法、正当地要求人民服从。对于第一个问题,卢梭认为自然状态下资源不足、人民能力有限,为了有效地利用资源,所以要成立联盟,这是形成联盟的首要原因。在这种情况下,我们的"那种原始状态便不能继续维持,人类如果不改变其生存方式,就会走向灭亡"(SC I:6,190,OC III:360)。正如《社会契约论》中其他段落一样,卢梭将"自然状态"视为非常重要的状态,此时每个人都独立于他人而存在。独立最好的表现是我们能自己做主,或者是我们能作为独立的家庭来养活自己。这些内容呼应了《论人类不平等的起源》开头部分对自然人在自然状态的描述。不过《社会契约论》最后被删除的章节《论人类一般社会》也强调了,贪婪嫉妒和竞争性欲望是人类塑造恰当社会秩序时必须解决的问题,这在《论人类不平等的起源》的后半部分也有所涉及。在建立稳定的公民社会之前,必须注意这些更为复杂的人际关系和依存关系。因为在卢梭看来,对于一个公正良好的社会来说,正确处理这些问题与满足成员的物质需求同样重要。我将指出,卢梭某些最终论点必须以此为基础才有意义。

多种因素促使人类共同工作,不过个体是如何离开"原初状态"并致力于完成共同任务而不会让自己处于被伤害和被忽视的危险之中?谁能保证他们不会被他人利用付出自己的劳动却比之前生活得更糟?卢梭这样回答这个问题:

"要找到一种联合的形式,它能以全部的力量捍卫和保护每位成员的人身和财富,而每一个与全体联合的个人,在这个团体中就像只是在服从自己,仍然像以前一样自由。" 这就是社会契约要解决的基本问题。(SC Ⅰ:6,191,OC Ⅲ:360)

那么社会契约又包含哪些条款?它们有如下内容:

我们每一个人都将自身及全部力量共同置于公意的最高指导之下,在共同体中,我们视每一位成员为共同体不可分割的一部分。(SC Ⅰ:6,192,OC Ⅲ:361)

卢梭所谓的"共同体协定"是如何解决他提出的棘手问题的并不清楚,理解这一问题的关键是抓住公意的本质和指导意义,只是到目前为止我们还没有读到任何相关线索。在正面讨论这一问题之前,我们有必要进一步看看联合体具体包含哪些内容。

卢梭说社会契约包括"每一位成员都将自身及所有权利全部转让给整个集体"(同前)。这一说法值得警惕,个人被要求在既无依靠又无防卫的情况下使自身从属于集体的控制,这会让他们暴露于极为可怕的潜在风险和剥夺之中。那么联合体如何克服这些对我们的生存和福祉有害的威胁?卢梭至少有一点理由很明确。他指出,如果在联合体中有一些人保留了某些权利,那么在面对诸如保留权利的范围或是侵权争议之类的问题时,在"他们和公众之间就需要共同的上级"。倘若没有这样的上级存在,个人就会各行其是,共同体就会失效或是需要诉诸武力来促使人民服从。不过卢梭似乎意识到"完全的联合"会让人们产生担忧,所以他强调两个关键方面:首先,所有加入联合体的人都处于同一地位,这就意味着联合体中的其他成员并不能用你刚刚放弃的权利来支配你;第二,无论未来的联合体将采用何种形式,所有成员都一律平等,人们既没有动机去压迫他人,也没有能力去让一些人承担更多的负担。

这种联合行为让"汇集"在一起的人群创造了"共同体"或"人民团体"。卢梭称之为"由许多成员组成的法人或集合体,在这里成员们组成大会,具有投票权",或者说联合体"完全由拥有它的个人组成",卢梭运用一些关键术语来介绍共同体的特征和功能:

> 这个由个人组成的公共人格,以前称为城邦,现在叫作共和国或政治体;当它被动时,成员就称它为国家,当它主动时,就称为主权者;而将它与其他同类比较时,就称为政权。至于参与其中的结合者,整体称为人民;个别叫作公民,是主权权威的参与者;作为国家法律的服从者时就叫作臣民。(SC I:7,192-193,OC III:361-362)

此处的核心概念是主权,或者说主权的承受者,这是世间的终极权威,除此以外再没有可诉诸的权力,主权做出的决定是最终裁决。关于主权之上的超越性权威的问题,我会在第6章卢梭论宗教在社会中的作用时进行讨论。这样说来,既然所有事项都要受主权影响,那么最重要的事就是小心谨慎地决定主权者的构成和运行方式。我们已经知道主权者由拥有投票权的议会成员构成。卢梭进一步指出,主权者首要但并不是唯一的作用是为共同体制定和宣布法律,或者更准确地说,是宣布政治法或根本法(SC Ⅱ:12,OC Ⅲ:393-394),这是"社会公约得以成立的条件"(SC Ⅱ:6,212,OC Ⅲ:380),涉及从整体到整体的关系,或者用卢梭的话说就是主权与国家的关系。

法律一般采用"你应该……"或"你不得……"的表述方式,这些指令通常被理解为表达了可以做某事或禁止做某事的意图。因此,主权者在颁布法律时应该被视为拥有和宣告一种意愿,主权者用以决定基本法律的意愿就是公意。或者更准确地说,主权者在制定法律时,可能出于多种理由来表达自己的意志。个别利益和小团体利益——或者更多的低级利益——也可能支配议会并出现在宣告中,但是如此一来,这些声明所包含的法律就只有约束之名而没有服从义务之实。只有宣告表达了纯粹的公意,它本质上才是法律,合法地创建了服从的义务:"只有公意才能按照国家建立的目的,即公共幸福,来指导国家的各种力量。"(SC Ⅱ:1,200,OC Ⅲ:368)这指明了公意在卢梭构想的国家中的地位,不过,我们还没有获得它如何决定和运行的实质性说明。

到目前为止,我已经强调了主权者的重要性以及它如何通过宣示公意来行使权威。与此相关的"公民"一词也值得注意,它和其姐妹词"女公民"在法国大革命的激烈辩论中扮演重要角色,它们作为表示地位平等的称谓要求人民参与主权审议决定,以前被剥夺公民权的市民和农民热烈地支持这一点。

通常说来,主权者作为最终权威的拥有者需要具有支配力。

如果没有这种能力,无论是个人还是小团体都会对主权者和法律不屑一顾却不受惩罚,哪怕法律确实可能仍然具有权威,但是也可能在实践中流于空谈。卢梭针对这一点指出:

> 为了使社会契约不至于沦为一纸空文,它就默认了这样一种规定——只有这一规定才能使得其他规定具有力量,那就是对于任何拒不服从公意的人,全体就要迫使他服从公意。(SC Ⅰ:7,195,OC Ⅲ:364)

这一段以惊人的方式继续写道:

> 这意味着人们要迫使他自由,要使每一个公民都拥有祖国,从而保证他免于一切人身依附……唯有如此才能使社会契约具有合法条件。如果没有这一条件,社会契约便会是荒谬暴戾的,并会遭到最严重的滥用。(Ibid)

以强迫来实现自由是一种非常令人不安的表述,这似乎是一种矛盾的说法,其中蕴含着危险的含义。不仅如此,他用来支持这一理由的主张——以此来免除"所有人身依附"——似乎也没有明确可行的方法,即便真能如此,为何将自己交付国家、以便实现自由是唯一真正的选择,这一点也并不清楚。事实上,卢梭对于这一问题的思考是可收回的,不过那就不能只关注《社会契约论》,毕竟这本书中没有体现全部论证。我将在本章稍后阐述卢梭自由观的时候再讨论这一问题(也见于 SC Ⅳ:2,278,OC

Ⅲ:440)。

如果我们回到社会契约要解决的问题,在"解决方案"的最后卢梭写道:"在共同体中,我们将每一位成员都视为共同体不可分割的一部分。"很显然,卢梭还有很多工作要做。卢梭的基本想法是,社会共同体中的成员如果不是主权者的一部分,没有参与主权的运行过程,那么他们就不是真正的公民,而仅仅是奴隶,是被迫服从主权——他们根本不是社会的成员,只是受法律约束。这重申了他在《论政治经济》中的强硬观点。既然卢梭允许强迫个人服从公意的可能性存在,他就需要解释,为什么这不是强制行为而依然是将他们视为"共同体不可分割的一部分"。可以说,对公意提出异议的人似乎意味着他们脱离了共同体,但是随后他们又被强力推回正轨。卢梭需要证明这种强迫服从不包含滥用权力,用他在《论政治与经济》中的话说,滥用权力就是让个人为多数人的利益而牺牲。我希望说明,尽管对卢梭的质疑最开始看起来是合理的,不过卢梭最后还是为自己的立场提供了强有力的证明。

在指出以强力迫使自由之后,卢梭开始在第 1 卷第 8 章中证明自己的观点。他写道:"从自然状态进入社会状态后,人类发生了显著变化,当他们的行为中正义取代了本能,他们的行动也就被赋予了以前所没有的道德性。"他继续说,在脱离自然时我们丧失了一些优势,但是我们获得了更大的回报:

> 人的能力得到锻炼和发展,他的思路开阔了,感情升华了,他的整个灵魂得到大幅度提高。如果不是滥用新情况

导致他比原出发点堕落的更糟,那么他一定会对这一欢乐时刻感激不尽。从此时起,他不再是一个愚昧无知的动物,而是一个充满智慧的人了。(Ibid.)

在这充满想象力的段落中卢梭继续写道:"除此以外,人们在社会状态收获的还有道德自由。"我认为,这一概念模糊的"道德自由"是解决我刚才提出问题的关键。不过卢梭自己的总结却对此毫无帮助:"关于这一点,前面我已经说了太多,自由一词的哲学意义并不是此处的主题。"恰恰相反,他不是说得太多而是太少,我们需要探寻自由的哲学意义,以便解决这些难题,接下来我将着手此事。

## 《社会契约论》第 2 卷

我现在讨论主权者的活动,主权者履行适当的职责,要通过表达公意来为整个联合体制定和宣告基本法律。卢梭写道:"服从法律的人们就是法律的创作者,规定社会条件的只能是那些组成社会的人们。"(SC Ⅱ:6, 212, OC Ⅲ:380)但是人们通过什么程序、以什么为基础创制法律、规范社会? 也就是说,主权者如何从组成社会或共同体的人们的观念、欲望、希望以及恐惧中发现公意?

在解决这一关键问题之前,有必要稍微停下来反思一下卢梭提出的命题。他指出,那些从属于法律的人应该是自己的主人,这几乎可以视为对公正合法的社会秩序的限定,这种说法也许是源于1766年路易十五并未得到公认的讲话,卢梭正是在此背景下阐述这一命题的:

> 只有我才拥有支配性权力……我的法院是因为我才具有存在的理由和威严……公共秩序完全来源于我,我的人民与我合为一体,国家权益也是如此,那些胆敢与君主分离的人,一定会与我联合并在我的手中获得安宁。(Jones:263)

在整个19世纪和20世纪大部分时间里,世界许多地方都在广泛讨论"人民"一词,它被描述为大众、暴民或乌合之众,完全不配在行使主权过程中占有任何地位。人民主权作为一种原则,虽然今天很多人将其视为衡量法律合法性的标准,但是它更多揭示的是实现人民主权的国家是多么少,以及他们在何种程度上无法满足这些必要的标准。

## 公　意

我们已经知道公意在卢梭观点中的重要性。主权者由包含选民的议会组成,负责宣布社会的基本法律。当宣告表达了全体人民的意志(即公意)时,制定出的法律就是公正且具有合法性的,此时的法律名实相符。但是全体人民如何发现并宣告自己的意志?既然主权者由具有不同需求、不同愿望的个人组成,暂且不提他们希望采用的共同生活方式,那么如何发现对所有人都有约束力的力量并建立普遍的服从义务？回答这一问题就是回答公意的本质、基础和作用。卢梭的政治思想中没有一个问题像公意这样，引发了如此多的评论却又没有达成任何清晰、无争议的解读。我希望公允地评论卢梭的观点，使之与卢梭思想的总体特征和意图相吻合。不过我并不认为我能涵盖这一问题所有方面，其他论述当然也是切实可行的。

一个好的开端是这样表述的：

> 公意要想成为真正的公意，就应该在其目的和本质上都体现为公意……公意必须从全体出发并适用于全体。(SC Ⅱ:4,205,OC Ⅲ:373)

从法语字面看"必须从全体出发是为了对全体适用"，这更好地表达了卢梭的想法。公意显然要体现在"其目的"中，几页之后，当卢梭论述法律时，他阐述了这个问题，宣示公意意味着：

> 当我说法律的对象永远是普遍的，我的意思是法律只考虑臣民群体和抽象行为，而绝不会考虑个别人或个别行为。所以，法律确实可能规定特权，但是决不会指名将特权赋予某一人；法律可能把公民划分为若干等级，甚至于规定取得这些等级的各种资格，但是它却不能指名将某人列入某个等级之中。(SC Ⅱ:6,211,OC Ⅲ:379)

不过，如何理解公意"来自全体""在本质上"则存在更多的困扰。人们很自然将"来自全体"理解为一个过程,在此过程中,组成联合体的人们提出和批准共同的原则,他们将成为联合体的成员和真正主人,而不是仅仅被迫服从法律。尤其在书中第 2 卷第 3 章(但是也见于第 4 卷第 2 章)中,卢梭确实提到许多投票程序,他坚持认为每位公民都应该"获得充足信息","应该只表达自己的意见"且"不与他人相勾结"(SC Ⅱ:3, 203, OC: 371)。在这里,他关心的是防止形成派系和利益集团,它们可能会篡夺或取代共同体的意志。卢梭的这些观点与我们差距不大。不过这段论述确实暗含了一个重要观点,那些组成联合体、构成主权的人的意见和决定不应该直接被视为公意的"原材料",卢梭认为,如果这些观点和决定能够具有分量、有助于公意的决定,那么它们必须以正确的信息和独立的思考为基础。这就引申出一个更普遍的观点,个人可能表现为各种程度的非理性、头脑混乱、易受蛊惑、目光短浅(卢梭已经在其他作品中激烈讨论这一点),他们可能从自己的利益出发来统治他人。如果我们在个人意志如此纷繁复杂又常常冲突的背景下,寻求对所有"来自全体"的意志的赞同,那么能否让这些意志真正达成一致呢?寻找到一个统一意志尚且前景渺茫,更不用说找到一个保障所有人的共同利益和基本平等的联合体了。事实上,卢梭也很清楚公意"容易犯错":

> 人们常常不知道自己需要些什么,对于哪些东西对自己有好处知之甚少,这样一种盲目的群体怎么能亲自来执行像立法体系这种重大而又困难的事业呢?人民永远希望

自己幸福,但是人民自己却不能永远看出什么是幸福。公意是永远正确的,但是指导公意的判断并不永远都是明智的。(SC Ⅱ:6,212,OC Ⅲ:380)

从这里可以看出卢梭的真实想法,当他谈及公意来源于全体人民时,他在心里并没有将个人表达自己的观点看成一个实际运行的过程,毕竟人们太过于混乱无知了。

那么有什么方案可以替代这一过程？如果我们回到卢梭的最初论述,就会得到比较好的答案。我们会想起,社会契约要解决的"问题"是"以全体力量来捍卫每一位联合者的人身和财产",这意味着,至少是为了确保这些好处,个人才寻求与他人联合。考虑到这一点,我们可以说,只有主权建立在更好地保护人民的人身和财物基础之上,每一位联合者才有理由赞成它,那些主权宣言才能说来自所有人。人们可能支持主权宣言,哪怕通过混乱或他们不了解的方式,也可能(如果被要求)拒绝同意。

这意味着,一方面,某些人或联合体能辨别出个人是否有充分理由同意那些宣言,即使他觉得他们不能,在许多情况下,这并不是一件简单的事。另一方面,每个共同体都有而且必须有若干实践理性标准,以此来评判(有时是反对)个人观点和行动的合理性。比如,有人认为他们是匈奴王阿提拉的化身,具有不朽的能力,只能通过思考来传达他们的想法,无论他们多么强烈地坚持,他都不会、也不应该考虑他们的任何宣言。很多时候,无论如何,并不是很难确定什么有助于人们的物质利益和基本人身安全。

总之,当且仅当每一个参与人都有充分理由同意法律规则时,我们才可以说这些法律规则真实地表达了公意。既然所有人都有充分理由去赞成、批准法律规则,我们就可以说法律规则来自于全体人民,它的理论基础是所有人都有的需要。不过,建立表达了公意的法律是一回事,说明法律为何具有让每个人都服从的义务是另外一回事。有人可以这样推理:"我知道这是我们共同体的规则,每一位成员都有充分的理由同意这一规则。但是为什么我要遵守这种规则?我更愿意选择给我带来优势地位的规则,或是不让其他人和我相提并论的规则。我知道如果这种规定得到执行,一些人的处境就会变得更糟,但是这与我有什么关系?如果我自己本可以过得更好,我为什么要考虑他们的困境?我为什么要把他们的利益需求与我自己的等量齐观?"卢梭借《人类社会》中"独立人"之口说出这些话,《社会契约论》中省略了整个这一章(见 Cole et al. : 172 - 174, OC Ⅲ : 284 - 286)。这些都是完全合理的质疑,找到卢梭对这些质疑的回答有助于揭示公意本质的其他方面和公意的作用。

首先,卢梭经常说,只有在具有强烈共同利益、每个人都关心身边人的团体中,我们才能期待承认所有人的需要和利益的规则得到遵守并真正受到欢迎,因为这些规则坚定地表达了人人为人人的观念。回忆一下《论政治经济》的讨论,我们在前文第 3 章说过,他在许多不同场合论述社会精神的重要性,它是团结的纽带,是爱国主义和热爱同胞的纽带。我会在第 6 章更全面地分析这些观点。不过我们应该注意到,作为对于上述问题的回应,这种解释是乏善可陈的,那不过是说,如果你关心别人,你就会愿意遵守规则,像对待自己的利益一样关照他们的利益,这根本没有赋予规则以权威,无法要求社会精神薄弱或缺失的人进行服从。我为什么要服从那些视别人的利益与我的利益等同的规则?我认为只能依据每个人要捍卫"道德自由"才能回答这个问题。不过在这之前,我要先指明公意的另外两点本质和公意的作用。

在前文我曾引用卢梭的话提出这一问题:"人们常常不知道自己需要些什么,不太清楚哪些东西对自己有好处。这样一种盲目的群体怎么能亲自执行像立法体系这种重大而又困难的事业呢?"(SC Ⅱ:6,212)但是当时我没有给出卢梭对于这个问题的解释,他试图引入"立法者"来解决这个问题,可是这一策略引出的混乱远远多于它带来的答案。卢梭写道:

> 为了发现最适合于国家的社会规则,就需要一个能洞察全部人类情感,但是又不受任何情感所支配的最高智慧;它与我们的本性没有任何关系,但又能认识人性深处;虽然它的幸福与我们无关,但是它又很愿意关怀我们的幸福……要为人类制定法律简直需要神明。(SC Ⅱ:7,213,OC Ⅲ:381)

卢梭引入的这一形象是他整个宏伟蓝图中最令人困惑的一点,事实上很难确定他在多大程度上认真对待这个概念,毕竟除了这一章,立法者就再也见不到踪影。从根本上说,这个类似于神的立法者到底要解决什么问题?问题的关键是,要确定什么

是共同的善、什么符合每一个人的利益。正如我说,每一位成员都有充分理由同意将哪些内容作为法律条文。卢梭这样说:

> 每个人所喜欢的只不过是与其个别利益相关的政府计划,良好的法律要求他们不断做出牺牲,可是他们很难认识到这种牺牲能给自己带来怎样的好处。为了让一个年轻的民族能够喜欢健全的政治准则并遵循治国基本规则,就必须倒果为因,使本来是制度产物的社会精神凌驾于制度基础之上。(SC Ⅱ:7,216,OC Ⅲ:383)

这显然是一个棘手的问题。如果追溯政治社会的基本原则,我们很难想象,原始联合体居然要依赖它去寻找的制度基础来塑造自己的特征和精神。虽然这可能是真实的,即某些超人智者用类似神的权威来制定计划、指引方向,但是更真实的情况是,一个公正稳定的社会团体不可能由一群既没有共同生活常识也没有共通情感的人简单随意地建立。我想这就是卢梭对于这一问题的观点。由于没有再提到立法者,卢梭在第 2 卷第 10 章写了下述内容:

> 什么样的人民才适合于立法呢?是虽然已经由于某些起源、利益和习俗而结合在一起,但是还没有感受到法律束缚的人民;是没有根深蒂固的传统与迷信的人民;是不畏惧被突然的侵略所摧毁的人民……是成员彼此相识、无须强加给任何人超过其可承受范围的负担的人民;是无须其他

民族便可过活、而所有其他民族无须他们也可以过活的人民；是既不富有也不贫穷、能够自给自足的人民；最后，是能够结合古代民族的坚定性和新生民族的驯服性的人民。(SC Ⅱ:10,224,OC Ⅲ:390)

本段之后卢梭写下了著名评论："欧洲还有一个国家可以进行立法，那就是科西嘉岛。"我将在下一章讨论科西嘉的问题。

这与卢梭之前的说法相去甚远，他说立法者必须"觉得自己能改变人性；能把每一个完整独立的个体转化为更大的整体的一部分，在这整体中个人获得自己的生命和存在意义；能改变人的素质"(SC Ⅱ:7,214,OC Ⅲ:381)，如此等等。所以，以怀疑的态度看待这一立法前景也许是对的。同样，认为这没什么值得疑惑的也是对的。如果彼此了解的人们已经就某些利益达成一致，同时又具有历史文化的共通性，那么由他们自己设计适当的立法体系就不是不可完成的工作，无论如何，这都意味着我们笨拙地去尝试。我并不认为卢梭的想法真的高明，他诉诸假设，认为我们可能获得某些超人类的指导。

在解决那个重要的悬而未决的问题之前，我想简要分析的第二点问题是公意和众意之间的关系。卢梭在一个相当著名的段落中写道：

公意和众意之间有很大差别；公意只着眼于共同利益；众意则着眼于私人利益，只是个别利益的总和，但是除掉个别意志正负相抵的部分，剩下的总和仍然是公意。(SC Ⅱ:

3,203,OC Ⅲ:371)

这是一个相当奇特的论述,我不确定我抓住了卢梭的含义。一个人的"个别意志"包括他们想为自己获取的利益,也包括在与他人的交往中从他人那里获得的利益,个别意志指引着他们的行为,无须依靠他们的愿望能否赢得他人的赞同或服从。

"私人利益"作为个别意志的目标,想想它可能包含哪些内容?令人惊讶的是卢梭对此含糊其辞,不过我们基于自身而推测,对我来说良好生活包含这些内容:用最小的努力获得充足的物质条件;深受周围人的尊敬和欢迎;拥有幸福长寿的生活。我们有理由相信,其他人也希望自己过这样的生活。假如说物资匮乏,要通过劳神费力才能获得这些物资,再假如每个人都希望获得尊敬但是又不愿意给予其他人尊重,很显然这些愿景无法一起实现。但是卢梭说,如果我们"把正负意志相抵消",我们就能获得"剩下的(意志)总和",那就是公意。这是什么意思?也许是这样的:通过最少的劳动获得充足的物质对我来说是一个正向意志,但是我的这一期望被他人同样的期望所抵消,因为物质丰富并不是自动发生的。我乐观奢侈的愿望被他人类似的愿望抵消了,一切归零,他们的愿望也是如此。还有什么剩下吗?我们每个人都希望物质丰富,我们每个人都准备投入劳动,如果我们放弃每个人各自的奢侈目标,那么这个目标是可能实现的。尽管我们应该从整体还是单独的角度理解这一目标仍有模糊之处,不过这一目标多多少少与公意相连,直接关心公共利益。

康德在《永久和平论》中也思考过同样的问题。他写道:如果这样安排国家制度,那么"良好的国家组织"是可以实现的,个人"追逐私利的愿望与他人相违背,那么每个人的力量加在一起就会彼此中和或者消除其中的破坏作用,就理性而言,结果是一样的,似乎人类并不存在自私倾向,个人即使没有良好的道德品质,仍然会被迫成为一个好公民"(《永久和平论》:112-113)。

即使这些常规的解释是正确的,我也不认为"公意和众意"的论述对于全面理解卢梭的公意论具有决定意义,即使可以通过这些字句来确定共同利益的内容,卢梭也丝毫没有解释清楚,为何一个人愿意生活于公共利益高于私人利益的社会中,这些说法依然没有回答前文提出的困惑。令人惊讶的是,卢梭此后没有再提到"众意",这说明他自己也不是非常重视这一错综复杂的段落。

那么我们就剩下了最后一个重要问题,即个人有义务服从公意,这就要求我遵守如下规则:要像对待自己的利益一样同等对待社群中其他人的利益。这种规则凭什么对我提出要求?为什么我不能喜欢那些赋予我和我的亲朋好友特权的规则?为了回答这个问题,我们需要看看卢梭一笔带过的"道德自由"的概念,而为了理解这一概念,我们就需要仔细考察他对于各种自由观点的评价。

## 卢梭论自由

卢梭非常重视人的自由,这尤其体现在《社会契约论》中(当然其他文章中也有体现)。我曾引用过他的名言"人生而自由,但无往不在枷锁之中",短短几页后他写道:

放弃自由就是放弃做人的资格,就是放弃人类的权利,甚至就是放弃自己的义务。(SC Ⅰ:4,186,OC Ⅲ:356)

我们已经注意到卢梭在这两处赋予自由以重要意义。社会契约希望寻找到一种联合的方式,在这里"每一个人都与其他人联合,不过就像在服从自己,并且像以前一样自由"(SC Ⅰ:4,191,OC Ⅲ:360),所以保障自由是达到卢梭设想的良好社会的关键环节。更重要的是,我们注意到他说社会契约"默认了这样一种规定——只有这一规定才能使得其他规定具有力量,那就是对于任何拒不服从公意的人,全体就要迫使他服从公意"(SC Ⅰ:7,195,OC Ⅲ:364)。事实上,阐明这最后一句话正是本节的主要目标之一,虽然前一句也存在诸多问题:一个人如何能在与他人联合的同时仍像独自一人那样自由?这种观点看起来相当矛盾,如果有人服从他们自己,那么他们就是"孤独的联合者"而不是与其他人联合在一起。最后,卢梭"道德自由"的概念可能导致一个人"真正地掌控自己……服从自己为自己制定的法律才是自由"(SC Ⅰ:8,196,OC Ⅲ:365)。这抓住了问题的关键,由此我们就可以理解为何要遵守法律和公意。显然这里有许多需要思考的问题,我将尽力澄清迷雾。

我将从卢梭"天然自由"的概念谈起,有两点值得注意。第一,享受天然自由意味着,只依据自己的判断来决定做什么以及为何做此事,而不必不屈从于他人的命令、控制(比如,参见 SC Ⅰ:2,182;8,196,OC Ⅲ:352,364-365)。在享受天然自由的时候,我们会想起一个熟悉的说法——自己是自己的主人。当然,享受这种自由可能不止有优势,还有弊端。作为该如何行事的唯一裁判者,他需要判断那些巨大的伤害何时、为何以及会如何到来。不过无论怎样,人们觉得享受不受干预的决断权是相当不错的权益,这当然比遵从某人的意志好多了,而且具有对目标自我设计和决定的能力通常被视为人类独立成熟的标志。

第二,人类需要划定行使权利和权力的边界。人类可能被技能、资源或机会的匮乏而限制,这样一来,他就很少能有效地单独运用自己的力量,事实上如我们所见,卢梭在《社会契约论》中正是将这种困境视为激励个人结成联合体、形成有序统一社会的首要原因。我们可以说,在这种情况下,要么是人拥有天然自由,却很少运用它;要么是在机会不当的情况下行使自我决定权,由此导致天然自由的减少或丧失。无论在哪种情况下,卢梭的解释都是不明确的。最后,天然自由的另一种限制是,人们在寻找食物或住房时发生冲突,所以人们想运用天然自由来获得幸福的实际可能性是非常低的。

现在,按照卢梭的说法,当个人与他人联合在一起形成公民社会,他们就放弃自行判断应该做什么的权利,而由公意对他们该做什么加以限制和指导,这就是法律。这不意味着每一种行为都是法律命令的主题,卢梭说:"每个人根据社会契约转让出去的权力、财富和自由,仅仅是那些对于集体最为重要的部分。"(SC Ⅱ:4,205,OC Ⅲ:373)不过他立刻继续说,确定无疑的是"必须承认,只有主权者才是这种(社会控制)重要性的唯一裁判者"(同前)。如果没有主权者,个人就会保留自我裁决的最终权利,那就意味着联合体的解体。卢梭将这种由公意划定的行为范围称为"社会自由"。有人可能试图论证,人们享受社会自由的程度与他们享受天然自由一样。因为在加入社会共同体之前,人们身体孱弱、资源匮乏,不可能做任何想做的事情,而法律限制的行动范围似乎并没有给人们造成特殊负担。特别是通过遵守法律,人们的人身和财富将得到"共同力量"的保护,这给予他们前所未有的权力和资源,他们可以做更多想做的事情。卢梭确实不时强调这一点(尤其见于 SC Ⅱ:4,207 - 208,OC Ⅲ:375)。

不过这似乎不是一个充分的辩护。每一个服从公意的人,放弃了独立的个人判断,不对任何其他人负责——这难道不是我们所放弃的天然自由的本质吗?如果我们记得制定和执行法律的主权者是如何构成和运行的,那么大概可以回应这一挑战。主权由所有联合者的自愿行为产生。这就是说,通过运用天然自由,联合者选择服从主权者经过审慎考虑的意志(公意)。所以进一步说,当个人的选择和行动受到法律的限制时,正是他们自己选择了这种限制。对他们来说,不是限制了自由,而是运用了自由。也许卢梭说"遵守我们自己制定的法律"的意义正是如此,但是这种回应很难让人满意。人可以自愿被洗脑或监禁,这是否意味着,因为这是他们自愿选择的状态,所以当他们接受洗脑或监禁时也是自由的? 很难认为他们是自由的,而卢梭在第1卷第4章中关于奴隶的讨论暗示了他也同意这种观点。因为正是在此处,他说放弃自由就是放弃做人的资格。虽然你目前的状态是运用天然自由的结果,但这并不意味着,在这种状态下你继续享有天然自由(或是其他种类的自由)。

然而,这只是主权者性质的一个方面,即由结合行为而产生的主权者。如果我们重申之前的论点,主权者将为个人的人身和财产提供保护,这是主权者制定法律的主要目的。那么可以肯定地说,这些正是我运用天然自由时希望改善的情况。所以当我服从法律时,我只是希望获得同样的境遇。这并不意味着我选择剥夺自己的天然自由,而只是当我们不再作为独立的人存在时,选择了包含天然自由所能达到的最好结果的生存状态。然而,仍然有理由对这个温和的建议表示不满。我已经放弃了独立判断的权利,即使有机会利用剩下的权利,我的自由似乎也在急剧减少。此时无法解释的是,为何与同胞分享幸福安宁包含了我希望以天然自由来自主行事的快乐?我难道不能为自己追求更大利益而不必关注别人的表现吗?我为什么要被法律强迫去关注别人的处境?难道为了平衡他人的利益就要在我考虑自己愿望时减少我的自由吗?这依然是我们前文提到的疑问,只不过此时换成另外一种视角继续追问,即服从公意的义务来源。

如果仅仅诉诸卢梭天然自由和社会自由的概念,我们可能没有办法理解,为何当我们服从公意时,我们仍然像以前一样自由?这就需要更富有解释力的概念。事实上,如果我们回忆上一章讨论过的《爱弥儿》第4卷,分析工具就在身边。此处我借用了卢梭的观点,只有承认其他人与自己处于同一地位,才能获得他人的尊敬和认可。目前的状况是,他人的敬意和自己的索取存在不可避免的冲突。卢梭认为,一个人的满意需要另一个人的满意。承认的斗争是通过彼此认同和尊重来解决的。所以，按照他人的要求生活，就是把自己当成团体的一员，按照团体的准则来生活。这是一种恰当的生活方式，给予他人尊重，获得与自己处于同等地位的人的敬意。简而言之，作为一个道德存在，他是自由的，依据个性自由行动，这构成了完整的人性。我认为，这就是卢梭所谓的"道德自由"，正是在这种方式下，遵守公意才能给人以自由。

有必要稍微扩展一下这种解释，让我们想一想，如果一个人没有加入承认每个成员具有平等地位的联合体，那么事情会怎样？在这样的社会中，那些拥有财富、权力、地位的人与没有财富、权力、地位的人存在基本的或若干差异，很明显，这会给后者造成巨大的伤害。他们不仅会遭到各种形式的物质损害，还会被边缘化、不为他人所承认，他们不再是"共同体不可分割的一部分"，而是事实上被分割开，他们以一种完全未曾预料的方式丧失了自由，直接或间接地听命于他人的控制，只有少得可怜的独立自我决定能力。相比之下，主流群体遭受的损失则没那么明显。看起来似乎很清楚，他们生活富足，不会考虑与自己一起生活的其他人。在某种程度上说，生活在这种社会对他们似乎只是一种奖励。不过如果我们记得卢梭在《论人类不平等的起源》和《爱弥儿》中提出的更有说服性的论据，可以说，从更微妙的方面看，那些处于支配地位的人仍然受到他人的控制和指导。他们寻求区别于他人的意义和价值，贪求特权，这些都取决于公众对他们的判断，他们生活的意义和成就就在于此。从不同的角度看，处于支配地位和从属地位的人都受制于"个人依赖"

（SC Ⅰ:7,195,OC Ⅲ:364），他们的个人独立范围正是受此限制。这就是卢梭在解释为何被迫服从会带给人自由时，将抵制个人依赖视为关键点的原因。不过我们不是要简单地缓解这种依赖，使服从公意成为自由的条件。因为可以想象，这种服从可能带来更大的奴役。服从公意也可以为人们展现完整的人性提供基础，可以为自由表达提供条件。这要求每个人都能给予和接受来自他人的道德认同，这是个人在群体中的内在认同。卢梭在许多地方试图计算我们在公意指导下的公民社会中获得的收益和损失："让我们把这张收支平衡表简化为易于比较的项目。"（SC Ⅰ:8,196,OC Ⅲ:364）可是我们很难找到一种术语来比较天然自由和道德自由，因为每种情况下人们的权力、能力和地位都是不同的。享有天然自由的人行事独立、自我掌控，他往往会从权力与机会的角度看待他人；而拥有道德自由的人则会从尊重和关心的角度看待别人，他们也希望别人这样对待自己。既然两个例子中的"人"是不同的，那么对于"哪种人更自由"的问题就没有直接的答案。

为了理解卢梭"道德自由"的观念，也为了解释为何迫使人服从公意能带来自由，我已经在他的其他著作上花费了很多时间。我不会假装那些论点能单独从《社会契约论》中推出，但是我也不认为，《社会契约论》能为这些论证提供替代性材料。我一直坚持，如果想很好地理解《社会契约论》文本，就必须补充卢梭的其他作品，我希望这里的论证体现了这一主张。另一方面必须承认，我此处勾画的"道德自由"的概念并没有得到广泛接受，当代几乎所有对于社会自由的讨论都集中在卢梭所说的某种形式的"天然自由"上，这经常被称为"消极自由"。之所以被称为"消极"，是因为这种自由强调否定、免除对个人行动范围的限制，以便最大程度增加他的自由。在这种观念下，法律要求尊重他人的生命、财产、名誉，只能被视为一种约束，因为此时人的自由遭到了削弱。不过当你如此看待与他人的共同生活时，就意味着，他人在你的生活中只不过是一种不得不出现的威胁或负担。在任何真正的社区或联盟中都不会看到这种思考方式——这当然不是卢梭寻找的社区。的确，作为社会的一名成员，如果他人的存在被视为限制了你的自由，这是非常有问题的。这时的社会只是一个集合体，而不是有机联合体（参见 SC Ⅰ:5, 190, OC Ⅲ:359）。但是可以说，在很多时候确实如此，我们的社会表现出高度异化，人们缺乏彼此的道德认同，我们像不停发生碰撞的原子，无休止地与他人争夺优势地位。我想，我们并没有超越卢梭认识的社会，也没有走向他期待的社会。

## 总　结

我认为也许可以这样理解公意的特征和作用。政治法或基本法在表达公意时，考虑的是集合性主体和抽象行动。公意要求联合体的每一位成员尊重并保护每一位参与者的人身和财产，与此同时，他们自己的人身和财产也能得到同样的尊重。这就要求，公意在联合者之间创造条件，维护基本平等。承认这种平等，是成员之间接受仁爱和道德尊严的条件，也是每位联合者获得自由的条件：首先，它将人们从人身依附中解脱出来；其次，这符合我们在共同体中需要表达的仁爱行为。

卢梭完全承认,对于人们来说,要理解并接受公意指导下的公民生活并不容易,他写道:

> 每一个人,作为个体,他可能具有个别意志,这与他作为公民而有的公意相反或不同。他个人利益的诉求可能完全违背公共利益。他那绝对的、天然独立的存在,可能使他把自己对于公共事业所负的义务看成一种无偿的贡献,而抛弃义务给他人造成的伤害要远远小于因履行义务而给自己带来的负担。(SC I:7,194;OC III:363)

在前文讨论立法者的概念时,我们已经看到个别意志和公意之间、个人利益和公共利益之间的某些紧张或冲突。卢梭强调(他在《论人类不平等的起源》中也有这种观点),如果每一个人都培养出"社会精神",那么对于克服这些冲突将具有重要意义。我会在下一章进一步分析这种观点,但是现在要转到前文提到的卢梭对于政府性质和作用的论述。

## 《社会契约论》第3卷

卢梭严格区分了立法事务和政府行为,前者是主权者通过公意来进行决定的权力,后者是政府行为或行政权力。他自己说:

什么是政府？政府是在臣民和主权者之间设立的中间体，以便让两者互相适合。它负责执行法律、保障社会的和政治的自由。

这一中间体的成员就叫行政官或国王，也就是执政者，这一中间体的整体就叫君主。所以有人认为，人民服从君主时所依据的那种行为绝不是契约，这是很有道理的。这只是一种委托，一种雇佣。在那里，他们仅仅是主权者的官吏，是以主权者的名义在行使着主权者所委托给他们的权力。只要主权者高兴，他就可以限制、改变甚至收回这种权力。……我把行政权力的合法运用称为政府或最高行政，把负责这种行政的个人或团体称为君主或行政官。(SC Ⅲ:1,230,OC Ⅲ:396)

卢梭坦承，通常说来，立法权和政府行政权在语言或事实上并不是泾渭分明。他自己的表述有时就存在疏漏，不过此处他做出的区分却具有重要作用。

在此之后，卢梭投入相当大的精力思考君主或行政官最好采取何种形式，以及负责最高行政的个人或团体最好采用何种方式。他论证说，没有一种形式是对所有国家都适用的，国家的大小是进行考虑的关键变量。不过，他以相当传统的方式区分了三种形式的政府，并坚持每种形式与不同的人数相对应：

首先，主权者可以把政府委托给全体人民或绝大多数人民，从而使担任行政官的公民远多于单纯的公民，这种政府形式被称为民主制。

其次,可以将政府限制于少数人手中,从而使单纯的公民数目多于行政官,这种政府形式被称为贵族制。

最后,还可以将整个政府都集中于唯一的行政官手中,其余的人都要从他那里获得权力,这种形式是最常见的,它被称为君主国或皇权政府。(SC Ⅲ:3, 237 – 238, OC Ⅲ: 403)

当然,卢梭必须假意论及君主制,在当时君主将自己视为主权者,而不是由享有主权的人民可随时收回权力的雇佣者。

在接下来的章节中,卢梭继续讨论各种政府的优势与劣势,强调没有一种政府形式是适用于一切国家的理想模式,不同的情况会造成政府或多或少的差异(尤其见于第 3 卷第 8 章)。除了评论他对于民主制的看法,我不会追随他在那些细节问题上进行讨论——虽然这很容易做到。可以预料的是,既然卢梭认为主权来自全体人民,那么他所看好的这种政府的形式应该是,即使不是全体公民参与,也至少应该是相当一部分公民参与并承担责任,这才体现了平等原则和对公共利益的关注,而这正是他政治思想的核心。但是事实上,他的观点并非如此。他论证说(见 SC Ⅲ:4),人民共同体在执行法律的时候,把"自己的注意力从普遍的观点转移到个别对象上来",这会很危险地将私人利益与公共利益混杂在一起;另外,人民不能持续不断地"将自己的时间奉献于公共事务",如果他们将职责授予各种委员会,那么委员会就会逐渐掌握更大的权力;此外,复杂和棘手的问题不适宜由规模庞大的人群来决断,因为他们需要仔细斟酌、详细讨论。卢梭总结说:"如果有一种神明般的人民,他们就可以用民主制来治理,但是那种十全十美的政府不适合于人类。"到此为止,卢梭心中确立了政府所应采取的最好的形式,那就是选举贵族制:"总之,最好也是最自然的秩序,就是让最明智的人来治理群众,只要能确定他们是真的为群众的利益而不是为了自己的利益在治理。"(SC Ⅲ:5,242,OC Ⅲ:407)

卢梭的这个附加条件(只要能确定……)将我带回到本节的争议点,即一个人作为独立个体所具有的个别意志和作为公民所拥有的公意之间可能存在的冲突的本质。在讨论政府形式时,卢梭关注的一个关键问题是,当君主利用他在国家中的权力来支配国家时,如何审视他篡夺最高权力的倾向,卢梭写道:

> 在行政官身上我们需要区分三种本质不同的意志:首先是个人的私人意志,它只倾向于个人利益;其次是全体行政官的共同意志,只有它关系到君主的利益,我们可以称其为团体意志,这一团体意志就其对政府的关系而言是公共的,就其对国家(政府是国家的一部分)的关系而言则是个别的;第三是人民的意志或主权的意志,这一意志无论对被视为整体的国家而言,还是对被视为全体之一部分的政府而言,都是公意。
>
> 在完美的立法行为中,个别的或个人意志应该不占任何分量,属于政府的团体意志应该只处于次要地位,由此一来,公意或主权的意志应该永远占据主导,并且是其他一切

意志的唯一规范。

另一方面,按照自然秩序,这些不同的意志越集中就越活跃。于是,公意总是最弱的,团体意志其次,个别意志则是所有意志中最强的。所以,政府中的每一位成员,都首先是他本人,然后是行政官,最后才是公民,而这种级差与社会秩序所要求的级差正好相反。(SC Ⅲ:2,235,OC Ⅲ:400–401)

此处我们不是只有两种"意志"(个别意志和公意),而是有三种意志——团体意志由团体成员所有,被视为两种意志的中间状态或者是国家中的部门利益(比如君主的利益,也可见于 SC Ⅱ:3,203,OC Ⅲ:371)。我们当然非常熟悉卢梭所指为何,社会成员不仅具有作为个人的利益,而且还具有团体利益,比如作为农民、通勤者或园丁的利益。具有这些特征的人会组成利益团体来游说政府,而政府无论是否真正服务于人民的利益,就其本身来说也希望保留权力。那么最后我们就有理由相信,某些利益集团或多或少地间接控制了行政权,使其为这些团体利益服务,而不再是为他公开宣称的公共利益服务。卢梭需要考虑如何扭转在每个人身上依据"自然顺序"而存在的这三种意志,以保障公意能够占据主导,这正是"社会精神"的重要之处。这是下一章讨论的中心问题。我们现在看到它不仅承担了调解个别意志和公意关系的重任,而且承担了将团体利益(或部门利益)放置于国家中恰当位置的重任。

## 综述和结论

到目前为止,我们已经简要讨论了卢梭论述的合法的公民团体的特征,现在让我们做一总结。他首先评论了国家中大规模的、普遍的不平等现象。在他的早期作品中,他将不平等的原因归结为人们具有竞争性欲望,希望获得超越他人的优势地位,以此来满足他们的自尊心。这种不平等不仅对处于劣势的人非常有害,它剥夺了他们的财产、地位和权力,而且对那些"财富和地位处于顶点"的人(DI Ⅰ:112,OC Ⅲ:189)也十分有害,他们仍然依赖于别人的尊崇,需要别人认为他们的身份地位远远高于其他人。这大概就是卢梭的论点。因此任何一个公正人道的社会必须首先解决不平等问题,通过构成主权者的全体人民平等地决定共同体的法律,卢梭试图解决这一困境:

> 我将指出构成全部社会体系的基础,以便结束本卷(卢梭写于《社会契约论》第1卷结尾),那就是:基本公约并没有摧毁自然的不平等,反而是以道德的和法律的平等取代了自然所造成的人与人之间身体上的不平等,人们体力或智力上可能存在不平等,但是依据约定和权利,他们却是彼此平等的。(SC Ⅰ:9,199,OC Ⅲ:367)

唯有通过此种方式,人们才能远离社会中经常遭受的不幸和困窘,避免自我疏离和对他人的依赖,才能保持完整的人格,实现与他人幸福生活在一起的希望。

用卢梭自己的话来说,通过拥有国家最高权威的公意的运行,每个人的利益都得到保护和满足。法律不是用来促进少数人利益的,而是让联合体中每一位成员的人身和财产都处于全部共同力量的保护之下。每个人必须考虑和尊重他人,对个人来说,这既不是损失也不是负担,唯有如此才能与每个人出于自尊而追求荣誉和尊重的要求相适应。在一个平等的联合体中,人们彼此尊重,按照促进共同利益的法律来管理自己的行为,这正是卢梭试图描绘的美好社会。

不可否认,他的论述存在诸多困境,而且还有许多问题没有充分讨论,也不可否认这一愿景与我们所熟知的真实社会生活和政治生活有遥远的距离,但是这依然是一个能激发道德意识和对不同生活向往的理想,这使他的观点具有持久的力量。接下来我要补充一些其他内容,尤其是"社会精神"对于维护公正平等的社会的作用。

## 拓展阅读

Christopher Bertram, *Rousseau and The Social Contract*。London: Routledge, 2004。清晰、完整、详细地讨论了《社会契约论》文本。

Hilail Gildin, *Rousseau's Social Contract*。Chicago: Chicago

University Press，1983。另一部完整讨论争论的著作。

Andrew Levine, *The Politics of Autonomy: A Kantian Reading of Rousseau's Social Contract*。Amhurst，MA：University of Massachusetts Press，1976。如题所示，受康德影响而写作的文本。

J. B. Noone, *Rousseau's Social Contract*。London：Prior，1980。完整解读《社会契约论》的论著。

Timothy O'Hagan, *Rousseau*。London：Routledge，1999. Chapters Ⅳ-Ⅵ。在对卢梭的全景式论述中仔细辨析部分相关问题。

Roger D. Masters, *The Political Philosophy of Rousseau*。Princeton：Princeton University Press，1968，Chapters Ⅵ-Ⅷ。对卢梭著作的概论性解读，有部分内容非常重要。

Maurizio Viroli, *Jean-Jacques Rousseau and the 'Well-Ordered Society'*。Cambridge：Cambridge University Press，1988。令人钦佩的对卢梭政治观点的解读，尤其强调秩序和失序的概念。

Judith N. Shklar, *Men and Citizens*。Cambridge：Cambridge University Press，1985。卢梭社会理论的影响和实质的研究。

Alfred Cobban, *Rousseau and the Modern State*。London：George Allen & Unwin，1964。一部经典著作，至今仍非常有意义。

# 第六章　文化、宗教与政治

## 本章主旨

本章有三点目的:第一,进一步考察"社会精神"的发展和巩固(SC Ⅳ:8,305,OC Ⅲ:465),卢梭将其视为形成和维系公正仁慈的公民社会的重要条件。第二,卢梭在《社会契约论》的最后一章讨论"公民宗教"时涉及"社会精神",我至今尚未讨论这一问题。"公民宗教"也与"社会精神"的主题相关,所以我在本章一并分析。最后,我要考察波兰和科西嘉岛论文论述的"应用政治"。这些作品不仅有助于我们深化对卢梭的理解,体会卢梭赋予社会精神以重要意义,而且能让我们进一步明白,《社会契约论》中合法性和公正性的一般原则在面对社会政治现实时可能得到适用或形成妥协。通过以上思考,我希望全面展现卢梭政治思想的广度和局限。

## 习俗和文化

在上一章我们看到,公意要求共同体中的每一位成员都要重视其他成员的人身和财产利益。在卢梭看来,这是享受安定、公正、平等、繁荣的社会生活的关键。但是卢梭相当清楚,让一个人服从这种安排,尊重他人、与他人融洽地生活,这并不是一件容易的事情。如果服从不是出于强制性命令,而是让每一位公民欣然接受并转化为他们的行为,那么就需要某种条件。前述引文曾突出过这些问题:

> 每一个人,作为个体,他可能具有个别意志,这与他作为公民而有的公意相反或不同。他的个人利益诉求可能完全违背公共利益,作为绝对的、天然独立的存在,可能使他把自己对于公共事业所负的义务看成一种无偿的贡献,而抛弃义务给他人造成的伤害要远远小于因履行义务而给自己带来的负担。……他就只享受公民的权利,而不愿意承担臣民的义务了。(SC Ⅰ:7, 194, OC Ⅲ:363)

一个人如何形成"无条件"地奉献于共同事业的想法?个人作为独立个体所拥有的个别意志和作为公民而拥有的公意是如何达到一致或相容的?

我们早已看到,卢梭在《论政治经济》中详尽地讨论了这一问题(本书第 3 章,见于 DPE:140 - 150,OC Ⅲ:252 - 262)。他说:"如果你希望公意得到实现,那么就让私意与之符合;换言之,没有什么比私意符合公意更能成为国家的美德。"(DPE:140,OC Ⅲ:252)他继续写道:

> 只告诉公民要善良还远远不够,还必须教导他们如何善良,榜样示范是我们应当采取的首要方法,但这不是唯一方法,培养爱国之情才是最有效的方法。正如我已经说过的,只要每一个人的个别意志完全符合公意,这个人就是公正无私的,我们自愿地接受我们所爱的人的愿望……我们希望人们是有道德的吗?那就让我们促使他们热爱自己的国家吧。(DPE:142,OC Ⅲ:254)

正如下文所见,这些观点强烈出现在关于波兰和科西嘉的论文中,我们也许惊讶于《社会契约论》中居然没有关于爱国主义的论述,但是类似的观点却以不同的形式在讨论中清晰呈现出来。

在进一步分析卢梭的这些观点之前,有必要做出一些澄清。大致说来,一个人(作为独立的存在)在遵守法律和公意的要求时可能存在如下四种态度:首先,他们可能只是出于胁迫而服从,遵守法律仅仅是害怕被惩罚。可以想象,此种情况下,一旦有机可乘,他们就会试图逃避这些要求。而在一个持久稳定的群体内,应该很少有成员(或者根本没有成员)具有这种观念。第二,视服从法律为交易。前文引用的《社会契约论》第 1 卷第

7 章大体上展现了这种观点。不过此处的问题是,如果不用付出代价也可以收获利益,那么就很难指望人们继续遵守法律,这就出现了与第一种情况中公正稳定的社会类似的后果。第三,顺从法律可能成为机械的举动,而不是经过思考的行为。这乍看起来相当完美(而且卢梭确实经常讨论习惯成自然的重要性),不过这依然包含了个人意志和公意之间不令人满意的关系。有两点原因值得思考:首先,一旦环境变化或是增加了其他利益因素,未经反思的习惯就很容易遭到破坏。它们缺乏灵活性和适应性,只能在固定的情境中存在。其次,这种看法表明,在某种程度上,公意就呈现在那里,公民很容易习惯这种要求。但是正如我们所知,这些要求以相当复杂的方式出现,并与社会全体成员的关注和承诺有关,除非有更积极地参与共同利益的方式,以满足在第一种情况下形成的公意要求,否则人们是不会形成任何习惯的。

这样就给我们带来了第四种可能性:顺从公意也许是出于对法律后果的理解和主动接受,即平等拥有基本福祉,尊重所有社会成员。回想一下卢梭的论述"我们自愿地接受我们所爱的人的愿望",这是一种明确的态度,他认为建成和维系公正社会最重要的是认同成员的个人利益和社会其他成员的利益。

这种"认同"应该有多深入和普遍?卢梭所说的个别意志"符合"公意需要具备什么特征?这需要更深入的分析。一方面,将私人的、个体的目标和享受降低到最低,每个人都致力于共同追求和集体活动,认为促进社会的共同利益、最大限度地获得认同是值得的。另一方面,可能出现的情况是,当个人追求的私人利益和遵守法律带来的公共利益存在冲突时,后者具有优先地位,但是毫无疑问私人利益将遭到忽视。

正如我粗略描述的,卢梭在许多段落似乎非常喜欢"最大程度的认同"。在讨论立法者的工作时,他写道:

> 可以这样说,敢于为一国人民进行创制的人,一定觉得自己有能力改变人性,能够把每个完整而孤立的个体转化为更大整体的一部分,从而使个人以一定的方式从整体获得自己的生命和存在意义……他能够以作为整体的一部分的有道德的生命来代替我们从自然中获得的生理上独立的生命。……每个公民如果不依靠其他人,就会一事无成……由此我们就可以说,立法已经达到了它能达到的最完美程度了。(SC Ⅱ:7,214,OC Ⅲ:381-382)

卢梭在《爱弥儿》的开篇写道:

> 好的社会制度是这样的:它知道如何能最好地改变人的天性,如何剥离他的绝对存在并给以他相对存在,把他转移到共同体中去,以便让每个人不再把自己看作独立的人,而只是共同体的一部分。(E Ⅰ:40,OC Ⅰ:249)

不过其他段落暗示只有共同利益才享有优先满足权。当然,这种优先要有一定条件,在某种意义上就是团结他人,所以在《社会契约论》第 2 卷第 4 章卢梭写道:

> 每个人由于公约而部分转让出去自己的权力、财富和自由——那只是对于集体有重要用途的部分……主权者却不能强加给臣民任何对社会无用的束缚。(SC Ⅱ:4,204,OC Ⅲ:373)

除非承认,至少在某些情况下,人类可以合理地保留一定范围的权力、财富和自由,而无须考虑共同体,否则上述论述就没有意义。前文也提到,即使在卢梭最集中论述爱国主义的著作中,他也只是说"一个谨慎而善意的政府"应该控制在"狭小范围内,以便使个人利益与个人相分离"(DPE:150,OC Ⅲ:262)。之后在《爱弥儿》中,卢梭作出更强烈的表述:对国家和群体的爱需要"自然基础",如果没有这一基础,爱就不可能存在。在批评柏拉图将私人家庭从理想国家中去除时,卢梭说:

> 我要论述最温柔的自然情感的消灭,它们被依赖它们才能存在的虚伪情感而吞噬——难道不需要自然基础就可以形成习俗的联系?难道我们对亲人的爱不是我们爱国的源泉?难道不是因为有了小家我们才更依赖作为大家的祖国?(E Ⅴ:363,OC Ⅰ:700)

这样一来,至少在卢梭看来,在最大认同的名义下,以国家整体利益来完全或事实上取代、压制个人关系和个人情感是有问题的。

那么,卢梭如何思考这一问题?在我看来,培养和保持人民对于同胞福祉的关注是一项重要措施。这对于维持公正人道的社会必不可少,为了实现这一目标就需要密切关注和详细规定人们的行为。因为私人或个别利益常常占据主导,但卢梭不认为这种关心——爱自己的同胞——应该取代所有其他关注而成为唯一的兴趣点。我们需要确保的是,当发生冲突时,同胞之情应该具有优先权,而不是让它变成无所不包的内容。能否保障这种优先意志,很大程度上取决于人们如何认识公意指导下的关心同胞的要求。卢梭对此没有进行清晰论述。即便如此,如果他们全心全意地对待同胞,那么这一定好过只是碰巧在一起的人,人们会分享生活、快乐、态度和价值观。

我们看到卢梭在《致达朗贝尔——论戏剧》中详细讨论了这些问题。布鲁姆称这篇充实的文章为"像一部可以命名为'启蒙精神对共和主义美德'的道德戏剧"(布鲁姆:PA ⅩⅤ)。它由达朗贝尔发表在 1757 年《大百科全书》(达朗贝尔与狄德罗主编)中一篇关于日内瓦的文章激发所作。达朗贝尔认为,如果允许戏剧表演(当时不被允许),日内瓦的城市生活会得到改善。他写道,法律应该规定演员的行为:

> 日内瓦应该有戏剧和道德[模式],也应该享受这两者带来的好处。戏剧演出将塑造公民的品味,也将赋予他们对良好生活的感受,这是一种细腻的感觉。如果缺少戏剧演出的帮助,人们就很难获得……日内瓦人将与谨慎的斯巴达城邦媲美。(布鲁姆,PA4)

如第2章所说,卢梭可能看出伏尔泰对达朗贝尔这些评论的授意。1755年伏尔泰已经定居在日内瓦城外,他很可能试图寻找一个比自己的家乡能提供的更大的场地来演出戏剧。

卢梭断然反对达朗贝尔的建议。他认为只有能为观众提供娱乐的戏剧才会繁荣。他声称,尽管能娱乐观众,但是这会将他们的公民职责转移到寻欢作乐上,由此削弱了促使他们成为好人的习俗和情感。卢梭论证说,戏剧绝不是推动道德进步的工具,它只会迎合、巩固现有的趣味,产生不真实的情感,只会用人造的感受替代真实的、对重要事务的关切。在对莫里哀《厌世者》的进一步批评中,卢梭反对将品行良好、诚实待人的阿尔切斯特写得卑鄙可笑,而将菲利特这样一位世故圆滑的人写得占据优势、生活幸福。卢梭承认这是一部天才的作品,展示了戏剧的力量,然而,因为它展现了人类的善良和美德受到嘲笑,所以很难说体现了戏剧对于善的推动作用。

卢梭也认为,戏剧过分突出了"爱的兴趣",鼓励了女性以不可接受的方式全身心投入其中。如果建立了剧院,会对女性的愿望和享受产生怎样的影响?在一个富有启发性的段落中,卢梭论证说,爱看戏的人都会追求华美的衣服,他们想走到外面看看并且想让别人看到自己的装扮。就像以前那样,人们会丧失从家庭和社区必要而有益的工作中收获的乐趣,取而代之的是奢靡消费和慵懒享乐,就算立法也不能有效地遏制这些不良影响。即使这些影响是在道德沦丧之后才出现的,它们仍然是病态的,需要立法加以控制。只有大多数人都有这种忧患意识并打算加以改变,这种立法才是成功的。但是正如他论点的整体转向所示,建立剧院、参加演出、剧本导向,这些都有悖于共同生活和对共同体的要求。为了确保人们服从公意,就需要法律严加注意。一个人孤立地坐在剧院黑暗密闭的空间中,这抵制了人们共同生活和共同工作以维持公正繁荣的社会的需要。不过,这并不意味着共和国不应该有娱乐:

> 相反,应该有很多。正是在他们出生的共和国,在他们的胸怀中,他们能看到富有节日气息的繁荣。对人们来说,什么是更适合他们相聚的、欢乐喜悦的甜蜜纽带,而不是那些一个又一个联合理由?……在露天里,在蓝天下,你应该体会欢乐,把自己交付给幸福的甜蜜感觉……在广场中央种植花坛,等待人们聚集在那里,你就会感到节日的氛围;甚至有更美好的事情,让观众自娱自乐,让他们成为演员,这样他们就从别人的身上看到了自己,并且更加喜爱自己,这样所有人就会实现更好的联合。(布鲁姆,PA:125-126,OC V:114-115)

尽管卢梭的论点显得有些牵强,尽管他的共和主义的节日没有太多吸引力,不过不可否认他思考的深度。它们呼应了当代的许多问题,比如以全球娱乐替代地方文化习俗和节日,再比如娱乐已经成为被动消费而非主动参与。

对卢梭来说,最关键的问题是,确保全体公民普遍接受的习俗、观念和情感与法律相符。这些法律表达了对同胞平等的尊

重。回到《社会契约论》文本上,卢梭在讨论基本法、民法、刑法之后,总结了第四种法律:

> 在这三种法律之外,还要加上第四种,这最重要的一种:这种法律既不是雕刻在大理石上,也不是镌刻在铜表上,而是铭刻在公民的内心里。它构成了国家的真正宪法,每天都在获得新的力量,当其他法律衰退或消亡的时候,它就恢复或替代那些法律。它可以保持一个民族的创制精神,而且可以不知不觉地以习惯的力量取代权威的力量。我说的第四种法律就是道德、习俗,尤其是公共观念,政治思想家尚未认识到这一力量,但是其他一切方面的成功全都依赖于此。(SC Ⅱ:12,28;OC Ⅲ:394)

由于宗教在这里也处于中心位置,现在我转而论述这一问题。

## 公民宗教

卢梭在《社会契约论》的倒数第二章论述了"公民宗教":"要有纯粹的民间信仰,由主权者确定其条款。这些条款不是严格地作为宗教教条,而是社会性的情感,如果没有这些情感,一个人既不可能是良好的公民,也不可能是忠实的臣民。"(SC Ⅳ:8,307,OC Ⅲ:468)我在第4章讨论《一个萨瓦省神甫的信仰自白》时曾经分析过卢梭对于个人宗教信仰的观点,此处不会再涉及这一问题,这里只就无神论的内容进行分析。

我们很快就会看到,既然卢梭主要关注的是宗教的作用,即:宗教能增强或破坏公民之间的社会联系、维持或阻碍对于法律的服从,那么我们将目光集中于这一点上就是恰当的。许多评论家在读到他关于公民信仰的观点时,可能会将他的思想解读为具有极权主义因素。比如,他写道:主权者可以"将任何不信仰国家信条的人驱逐出境",以及"如果任何人公开认同这些教义,但是背后的行为又表明他们根本不相信教义,那就应该把他处以死刑"(SC Ⅳ:8,307,OC Ⅲ:468,以下所有引文均来源于《社会契约论》第4卷第8章)。这些言论似乎很明显地表明,在严厉制裁的威胁下,宗教仪式将得到实施,这是一种国家卷入宗教的极端方式;可是另一方面,卢梭又说公民宗教包含着"消极教义",拒绝宗教不宽容。所以要么是卢梭自相矛盾,要么是还有更多需要澄清的问题,我将推进对后一种猜想的研究。

前面说过,卢梭在这一章的核心关切是巩固公民社会中成员间的联系,以便他们将所有人的利益视为优先于自己的利益,以平等的尊重和关怀来善待他们的同胞。他认为宗教忠诚是塑造个人价值和人生目的的最重要的源泉,既然他已经确定公民要承担共同体的核心价值,那么就需要确定宗教忠诚如何与共同体的核心价值相吻合。如果我们依照他的论证模式,就会看到,正是这种关注使他断言服从国家权威和遵守宗教义务之间存在着真实的可能联系。

在卢梭看来,有四种可能的关系类型。首先,宗教忠诚及其诚命可以完全不受市民国家和主权的规制。第二,尽可能边缘化宗教忠诚,只将其视为纯粹的个人事务,与市民国家的福祉和秩序无关。第三,由世俗权威规制宗教忠诚;第四,在某些重要方面,宗教忠诚可以与维持公民秩序的要求相联系。卢梭赞成最后这种可能性,一方面因为他相信这对公正繁荣的社会有巨大好处,另一方面是源于其他三种可能性带来的严重问题。在卢梭看来,主要好处有如下内容:如果宗教情感与作为公民社会基本特征的彼此尊重的要求相联系,那么除了世俗国家的奖励或惩罚,人们接受这些要求,就带来神的恩惠和保佑;拒绝或者没有履行这些要求,就会导致神的不满。这种情感赋予公民服从以更深刻的意义,使之变得更完整,能更充分地被人们接受。这并不是赋予法律可能消散的权威,人们因为畏惧上帝的惩罚而被迫遵守一些毫无根据的要求,而是为法律"增加""内在于本身的力量",这正是它的目的,也是宗教命令与市民要求联系的限制。卢梭写道:

> 社会契约赋予主权者统治臣民的权利……决不能超出公共利益的界限之外;臣民所应遵从于主权者的意见仅限于与共同体有关。每位公民都应该有一个宗教,宗教可以使他们热爱自己的责任,但是这种宗教信条,只有当其涉及道德与责任的时候(宣扬这种道德责任的人自己也要对其他人履行),才与国家及其成员相关。除此以外,每个人都可以有自己喜欢的观点,主权者无权过问。

有鉴于此,如果我们回到前文的引述,对于不接受公民信仰宣言的人,国家就要将其放逐或处死,这种警告可能会给人们带来一些不安。因为一个拒绝公民宗教教义的人不能因为其不敬神而遭到驱逐,而是因为"他们的反社会性,他们不可能真正地热爱法律、热爱正义"。当然,我们依然可能觉得反感,尤其是我们完全习惯了人们有能力热爱法律和正义,而不涉及宗教情感,当然,确实还有数以百万的人与宗教情感有密切联系。但是如果是这样的话,那么反对的理由就在于,卢梭过分关心有利于塑造公民身份的所有资源,而不是强制推行宗教信仰。如果公民宗教的教义确实符合法律的基本要求,而排斥那些教义就容易被视为故意藐视法律的信号,那么没有国家权威能对此无动于衷。

卢梭对于国家权威、遵守法律和宗教忠诚之间的另外三种可能的关系形式有什么异议呢?卢梭强调,如果宗教忠诚不受国家权威规制,或是与维护国家权威无关,那么这就包含了社会分裂的因素,或者颠覆了人们对共同体的忠诚与承诺。比如,它可以辩称宗教要求免除某人服从国家某些法律的义务。即使可以避免这种形式的冲突,卢梭依然认为,对于忠诚对象的划分将导致对公民团体承诺的削弱。此外,宗教狂热很容易将世人划分为可被拯救的人和应被诅咒的人,并激励前者做他们认为合适的事情来"拯救"后者,消除后者所代表的瘟疫的世界,这种迫害必然会威胁社会的稳定与繁荣。卢梭在《信仰自白》中对宗教不宽容的批评在这里有明显体现。

卢梭区分了"三种宗教":第一种"限于对至高无上的上帝

的纯粹内部崇拜和永恒的道德义务";第二种是"写在某一个国家的法典中,规定了这个国家的神和特有的守护者";第三种卢梭称之为"牧师的宗教",在这里,"神学体系"与政治制度分离,在这种情况下,教派牧师组成教会团体,形成教会意志,使其与主权者的公意相区别,声称至少拥有与主权者等同的权威。卢梭反对最后一种形式,因为它造成了臣民义务的矛盾,使他们无法"同时忠实于宗教和公民身份"。至于第二种,他说虽然它为国家提供了支持,"教导人们……效忠于国家就是效忠于国家的守护神",但是它也欺骗了人民,使人民变得暴戾,导致"人们嗜杀成性且心胸狭隘……将对不信神的人的杀害视为神圣的行为"。

第一种宗教强调道德义务,似乎更符合卢梭的思想。但是他认为,这会导致对公民世俗繁荣和安全的忽视以及对国家公共权威的篡夺。因为"在苦难的深渊里,我们是自由人还是奴隶,又有什么关系?"最终,这也会导致国家在战时易受攻击:"他们究竟是战胜者还是战败者,那又有什么关系呢?上帝难道不比他们自己更明白什么能满足他们吗?"与这些评论有关的当然是卢梭对基督教的看法,他写道:

既然这种宗教(基督教)与政治体没有任何特殊关系,那就只好让法律依靠自身力量,而不是再给它增加其他力量;因此团结社会的最伟大的联系之一就归于失败了。不仅如此,更重要的是,到目前为止它还无法让公民全心全意地依附于国家,反而导致他们脱离尘世的一切事物。我不知道还有什么比这更违反社会精神了。

这段话来自本章开篇我引用的"社会精神"的段落,我们现在充分看到,卢梭是如何推进和深化自己的核心论点的。

在结束这一节之前,我想回到我提及的《信仰自白》的无神论问题上。在《信仰自白》几近结尾处有一个长注释,卢梭在赞同宗教狂热比无神论更有害的同时,继续说"宗教狂热具有强烈的热情,能鼓舞人心",而无神论"使人的心灵变得脆弱堕落,把所有的热情都集中于卑鄙的私人利益和卑贱的自身,逐步败坏每个社会的真正基础"(E IV:312 注释,OC IV:632 – 633)。奥·汉根对于此段精彩评论道:

> 这段富有启示的论述以无神论为靶子说明,人类一定是自私的、不愿意对同胞负责,甚至不愿意去繁衍生息。与道德沦丧的想象对比,对于健康的想象,如果是野蛮的、狂热的,也是相对有吸引力的……他的观点,更像是现代社会退化的残酷对比,而不是作为模范的公民社会的到来。(O'Hagan:234)

结尾的论断相当正确。正如我们所看到的,卢梭虽然认为每一个公民都应该有宗教,但也认为它应该完全受到禁止宗教不宽容的"消极教条"的约束。

## 波兰和科西嘉

本章最后我将选择卢梭两篇"应用性政治"论文《波兰政府考察》和《科西嘉宪法草案》予以讨论。卢梭关注维护公民联盟的纽带,我在《论政治经济》《致达朗贝尔的信》、公民宗教等诸多文章中已经从同样的角度总体性分析过相关要素。这两篇文章未在卢梭生前发表(事实上,关于科西嘉的论文只是一个未完成的片段)。《波兰政府考察》完成于 1772 年,为了回应酒吧联盟的代表韦洛尔斯基伯爵而写作。酒吧联盟是一个致力于维护波兰身份、反对俄国帝国主义的机构。《科西嘉宪法草案》开始写作于 1764 年卢梭与科西嘉反抗者领袖帕斯卡利·保利接触后,他建议科西嘉实施新宪政,希望不久以后该地可以实现独立。如前所说,卢梭在《社会契约论》第 2 卷第 10 章有关于科西嘉的重要论述:

> 在欧洲还有一个国家能被赋予法律,那就是科西嘉。勇敢的人们用英勇和坚持重新获得并捍卫了他们应得的自由,明智的人应该教给他们如何保住自己的成果。(OC Ⅲ:391)

如果卢梭很乐于被视为"明智的人",那么他的努力白费了。1768 年科西嘉叛乱被法国人镇压,后者从热那亚人手中买来这座岛。

我将尝试指出,虽然这些作品内容差距甚大,但是它们的主题有相似之处。在《波兰政府考察》开篇,卢梭强调"需要一个符合人们意图的制度"(GP:177,OC Ⅲ:953)。几页之后他写道:

> 正是国家制度塑造了人民的才能、特性、风俗和爱好,是制度使人民成为这样一种人,而不是另外一种人,使他们对祖国产生一种以不可根除的习惯为基础的热爱之心,使他们如果生活在其他民族,哪怕享受到在自己国家中不曾享受的欢乐也会无聊至极。(GP:183,OC Ⅲ:960)

他以嘲讽世界主义的语气继续写道(这种精神呼应了他在《爱弥儿》开篇所作的评论,见 EI:40,OC Ⅳ:249-250):

> 我认为,不管人们怎么说,今天已经没有法国人、德国人、西班牙人和英国人,而只有欧洲人了。大家兴趣相同,欲望相同,风俗习惯也相同,没有任何一个国家的人民具有因其特有制度而塑造的民族特性。大家在同样的环境下做相同的事;大家都声称自己没有私心,其实没有一个不是小人;大家都在说为公共谋福利,其实想到的只有自己;大家都在说只要生活过得去就行了,其实每个人都在想成为克

雷苏斯①,大家都穷奢极欲,都在追求金钱。(GP:184,OC Ⅲ:960)

卢梭此处的观点是,不知从何时何地开始,我们联系的纽带和共同生活的情感都被削弱了,我们实际上并没有感受到归属感的扩大,反而形成原子化的、自私自利的个人主义。所以他继续写道:"首先让波兰人尊重自己和热爱自己的祖国。"(GP:184,OC Ⅲ:961)在《科西嘉宪法草案》中,他也写下相似的段落:

> 第一条规则是遵循国民性原则,因为每个人都有或应该具有民族性;如果没有,我们就应该先赋予他一个。(PCC:293,OC Ⅲ:913)

什么是形成民族性格的关键? 卢梭认为是教育:

> 教育赋予人们的灵魂以民族特性,它指引人们的风俗和观念,使人们在思想、感情和生活上热爱自己的国家。……每一位真正的共和主义者在母亲乳汁的哺育下而热爱祖国母亲,也就是说热爱法律和自由。这种爱将贯穿他的一生;他心中只有祖国,他是为祖国而生的;一旦孤独无依了,他就什么也不是了;一旦没有祖国了,他就一无所有了;他虽然没有死,但是比死还难过。(GP:189,OC

---

① 公元前561—前546年在位,富庶的古吕底亚国王。——译者注。

Ⅲ:966）

回顾本章前面的论点,卢梭在这一段大量分析"最大程度的认同",这是将个人利益与整体利益相统一,其首要目的是"使公民与祖国、与其他公民紧密联系"。如此一来,法律就不再是负担或束缚,而是每个人对自己和对他人的希望所在。

卢梭充分认识到,无论是波兰还是科西嘉都不是在"一幅空白画卷"上展开的,而是有着悠久的传统,尤其是臣民之间的等级秩序。相当有趣的是,虽然在《社会契约论》中强调公民间彼此平等,他却建议波兰在解放农奴的过程中要颇加小心:

> 解放波兰人民是一项伟大而崇高的事业,不过也是一项大胆而充满危险的事业,因此切不可鲁莽行事。在诸多准备措施中,有一项是非做不可的,而且要花费许多时间去准备,那就是让你们想解放的农奴懂得自由的价值以及配享自由……我不敢贸然保证这一定会成功……不管怎样都要认识到你的农奴与你是同样的人,他们也有成为你这样人的资格。(GP:197,OC Ⅲ:974)

对我而言,我并没有看到这里有真正违背卢梭原则的内容。相反,这段文字承认了现实中需要的准备条件和适当的环境。在我看来,他的信念没有改变,他的观点对于韦洛尔斯基伯爵和他的同伴们是一种挑战。事实上,卢梭始终主张利用现有的荣誉声望观念,使人们逐渐转向新目标、新成就。如果渴望与他人有所区别是一个民族无法消除的精神需求,那么就以此为基础使其为所有人服务。如此一来,人们之间的区别将得到最好的利用,因为所有人都可能从中获利。

与社会不应该存在堕落和不平等一样,卢梭带着同样的目的,花费大量时间来研究金钱腐败。他认为金钱腐化以一种隐秘的方式存在而不为公众所知。他敦促人们尽可能为公共服务付款。当然,重新引入劳役并不是基于封建原则,而是始终着眼于防止因私人利益竞争而带来的腐败。他最引人注意的建议之一也是基于同样的原因。在《波兰政府考察》的第9章中,考虑到当时波兰立法机构的个人拥有提案否决权,卢梭虽然同意否决权具有重要作用,但是又声称,这一权利已经被琐碎的个人原因所利用,从而导致立法和行政几乎不可能进行。有鉴于此,卢梭建议道:

> 如果一项决议几乎得到所有人赞同,只有一个人持反对意见,我希望他能以项上人头作保对他的否决意见负责,不仅在省议会中对他的委托人负责,而且对可能给全国人民带来的伤害而负责。我主张法律规定,在他提出反对意见之后的六个月,由全国最英明、最受尊敬的人组成特别法庭郑重审理他的否决意见。这个法庭不能简单地宣告他无罪,而是必须要么对他处以死刑且不得减刑,要么对他赐予终身荣誉,以示表彰,这两项判决只能选择其一,不可折中妥协。(GP:219,OC Ⅲ:997)

这一惊人的想法当然会有效果,任何想要实施反对权的人都至少会受到来自同伴的压力,那样我们可以预期公共利益能在投票中得到体现,而不仅仅是出于某些私人考虑。卢梭真诚地认为"这种制度……与现代精神相距甚远,很难指望得到现代人的采纳和赞许"(同前)。不过这是令人欣喜的设想,比如,联合国安理会成员投反对票时可以对其适用类似原则。

通过简要回顾这些作品,我们看到了卢梭的中心关注再次出现:通过国家或公民文化的发展与指引,让每一位市民意识到,他人的权利和需求并不是一种负担,而更多的是以他们自己设计和希望的方式来实现共同生活和关照他人。以今天的观点看,他们很多遵守法律的行为都是值得怀疑的。不过卢梭确实认为,如果团体意识、社会精神遭到削弱,那么社会就濒于解体了;或者,随着不平等和不公正蔓延,许多人只是受制于法律,而不是真正的臣民。也许世界曾经如此,但正如前一章结尾所述,卢梭在这里提供了一个愿景,它仍然能够激发人们的道德观念和追求新的生活方式的愿望。可能是个人强烈的社会排斥感促使他尤为关注个人归属于社会的条件和特征。但是他的总体观点是,关系全体利益的社会是强大的社会,如果全体公民无法分享普遍的归属感,那么我们的社会就会相当脆弱。因此,对于一个公正社会来说,如何维持和强化这种归属感是迫切需要关注的问题。

## 拓展阅读

Zev M. Trachtenberg, *Making Citizens: Rousseau's Political Theory of Culture*。London: Routledge, 1993。特别强调文化的意义。

Anne M. Cohler, *Rousseau and Nationalism*。New York: Basic Books, 1970。对卢梭的爱国主义与民族观的精神论述。

Timothy O'Hagan, *Rousseau*。London: Routledge, 1999, Chapters X-XII。详细讨论卢梭的公民宗教观以及一般性宗教思想。

F. M. Barnard, *Self-Direction and Political Legitimacy: Rousseau and Herder*。Oxford: Clarendon Press, 1988。特别讨论民族文化。

## 第七章 自　传

### 引　言

　　1749 年卢梭在拜访狄德罗的途中突获"灵感",由此开始他的创作高峰。在接下来的 12 年中,他写作了《论人类不平等的起源》《爱弥儿》《新爱洛伊丝》《社会契约论》以及其他许多作品。1762 年随着他逃离巴黎以免受《爱弥儿》出版带来的迫害,他的创作热潮稍微退去。不过卢梭绝没有停止写作,他社会政治哲学的主要论文都已经完成,此外还有一些其他作品,比如他完成了《音乐字典》,准备出版前一章提到的《论波兰政府》。在接下来几年的写作中,他主要致力于以各种方式进行自我澄清和辩解,1763 年出版《驳克里斯托弗·博蒙大主教》、1764 年出版《山中来信》,所有这些都是针对《爱弥儿》和《社会契约论》出版后对他的指控而进行的辩护。虽然这些作品中有相当有趣的资料,但它们的涉及范围和论证目的在很大程度上深受当时争议环境的影响,我们没有在其中发现卢梭的新观点,也没有发现观念的重大转变。直到写作《忏悔录》他才开始了新的创作生涯,我们看到的这个文本完成于1770年,不过没有在卢梭生前出版;几年后他开始写作另一部重要作品《卢梭批判让-雅克:对话录》;《一个孤独漫步者的遐想》是卢梭最后一部重要的自传,也是他最后一部作品,该书开始写作于1776年,直到卢梭去世也没有完成。本章我将主要关注这三部作品,其中最重要的《忏悔录》是一本引人入胜的著作。

卢梭的长期出版商马克·米歇尔·雷伊(其总部设在阿姆斯特丹,现在他在那里的房子上有纪念标志)在1761年建议他考虑撰写自传。卢梭虽然做了一些记录,搜集了若干信件和其他可能有用的资料,不过最初他并不在意这一建议。在他着手此事时,曾于1762年1月给出版物主管马尔泽尔布写了四封信,讲述自己和自己的处境。如本书第2章所说,由于《爱弥儿》被推迟出版,卢梭变得焦虑不安,他开始怀疑出版过程受到恶意干扰。他向马尔泽尔布寻求帮助和保护,后者给予他慷慨帮助和睿智建议。为表达由衷的感谢,卢梭写作了这些信件,以解释自己的行为动机和生命中经历的某些决定性事件(见C11:525 ff,OCⅠ:568ff)。这些信件本没打算出版,只是于1779年出现了一个未经授权的版本。我会简要论及它们,以作为分析《忏悔录》的引言。

在第一封信中,卢梭针对巴黎沙龙许多人的指控和狄德罗的某些尖锐言辞为自己辩护(见C9:423ff,OCⅠ:455ff)。他是一个不愿与人交往的人,因对国家的挚爱和独来独往而获得恶名。卢梭说,事实上,他痛恨的是城市中虚伪做作的生活,他崇尚精神自由,渴望无拘无束的公开演讲和写作,这使得他向往生活在宁静的郊外,他的所作所为没有什么值得炫耀的动机。第二封信叙述了卢梭生命中的重要事件,他第一次阐述了在探望狄德罗的途中出现的"灵感突现",这改变了他的生命轨迹:

> 我去万森纳监狱探望狄德罗,口袋里装了一份《法兰西信使报》……当看到第戎科学院的征文题目时我眼睛一亮,这促成了我第一篇论文《论科学与艺术》的写作。如果有什么东西像突如其来的灵感一样,那就是我读到这一题目时的冲动。骤然间我感到万盏明灯在我头上闪耀,晃得我头晕目眩,各种鲜活的观念争先恐后地涌现出来。我因拙嘴笨舌无法表达而陷入困惑和慌乱,脑中阵阵眩晕袭来,胸中心跳加速……哦,先生,哪怕我能写下当时在那棵树下看到和想到的四分之一的内容,都可以清晰地揭示出所有社会制度的矛盾、揭露政治制度的一切弊端,用简明的语言说明人类天生善良,只是这些制度才导致人类变坏……至少当我想到这些的时候,我成为自己精神的主宰。(Hendel:208-209,也见于 C8:327-329,OC I:350-352)

卢梭在第三封信中谈论他当时的精神状态。他说只有在 1756 年离开巴黎前往退隐庐居住时,他才感受到真正的欢乐,那里生活简单却充满乐趣,他享受着慵懒的时光和如梦的自然,在这种环境中,他感觉到无限仁慈的造物主的存在。在最后一封信中,他着手说明如何解读自己的想法,他希望自己的作品能对全体人类都有益,而不是仅仅使一小部分人受益,这就是为什么他要避免卷入阴谋和派系争斗的原因。他认为所有人都是平等的,他憎恶不公正和非人道,试图以自己的方式反抗这些不平等。卢梭在《忏悔录》中再次描述了这些信件中提到的情节。我们发现,卢梭在这两个文本中以细致入微地方式展现了自己的本性和动机,不过更详细的剖析出现于《卢梭批判让－雅克:对话录》中。

直到1764年《忏悔录》都处于断断续续的写作中,不过在此之后文章有了稳步进展,1766年卢梭逗留于英格兰时继续写作第一部分(第1－6卷,包含从出生至1741—1742年的经历),大概到1767年春天才全部完成;第二部分(7－12卷)开始写作于1769年,完成于1770年6月(这大约是卢梭最后一次返回巴黎),讲述1742年—1765年的经历。他似乎原计划写作第三部分,一直写到1770年的故事,可是这个计划搁浅了,尤其是因为他给朋友传阅的章节遭到了出版禁令。卢梭一些早先的朋友和支持者,当时已经与他深深疏离了,他们担心卢梭讲述出与己相关的一些内情,因此劝说当局禁止那些读物,仅仅允许卢梭在巴黎居住。我现在将开始论述这一著作。

## 《忏悔录》

《忏悔录》是一个大部头著作,全书25万余字。我并不想做全面总结,而是打算概览整体内容,然后选择一些段落进行评述,以传达出卢梭绚烂的写作和叙事风格。我会总结如何对待和解读这部作品的一些评论。在全书开篇卢梭就说,他打算"把一个人的本来面目真实地呈现在人们面前"(CⅠ:17,OCⅠ:5)。需要近距离审视这部作品的诸多原因之一就是,我们可以很好地理解卢梭此处所说的"本来面目"(nature)的内涵,这展现了他希望呈现的真实。我将回到这一点,我们会看到这本书的关注点也会在其他作品中出现。

卢梭没有给《忏悔录》的 12 卷单独命名,这些卷与卷之间的划分常常相当随意,有一些包含了许多年,有一些则只有一两年。不过依据彼得·弗朗斯的观点(1987 年),我们可以概括出这部作品合理的结构:第 1 卷讲述卢梭的童年生活,一直讲到 1728 年他离开日内瓦之时(本书第 2 章勾勒了卢梭的生平,其中的年表有助于了解更多细节);第 2–4 卷写到 1732 年,这是卢梭在外漫游的若干年,包括遇见华伦夫人、皈依天主教、在都灵的不幸时光等;第 5 卷和第 6 卷写他返回华伦夫人家中开始安定的生活,包括在莎曼特田园诗般的日子。当温增里德取代卢梭获得华伦夫人的爱恋后,卢梭决定带着他的音乐乐谱和戏剧《水仙》前往巴黎:"我毫不怀疑,一旦我向科学院宣布我发明的乐谱,就会在音乐界掀起一场革命。"(C6:257,OCⅠ:272)《忏悔录》的第一部分到此结束。

在完成第一部分之后,经过两年的停顿,卢梭开始写作第二部分:

第七章　自　传

你们已经看到,我平静的青年时期是在相当愉快的生活中度过的,既没有遭受重大挫折,也没有经历非凡的荣耀……这与我后面要展现的画面是多么不同!命运在前三十年非常眷顾我,而在下一个三十年则处处与我为难,我的处境与我的愿望持续不断地发生冲突,这导致我犯了许多巨大的错误,遭遇了许多难以置信的困苦,这期间除了没有使我养成坚强的性格以外,也确实培养了我许多美德。(C7:261,OC1:277)

第 7 卷讲述他的雄心壮志在巴黎所收获的第一个成果;第 8 卷讲述 1752 年他的歌剧《乡村占卜师》取得的巨大成就;第 9 卷写了他远离巴黎、迁居退隐庐,他与埃皮奈夫人关系破裂、与狄德罗疏远,这些内容在前文讨论《致马尔泽尔布的信》时曾经提到;在第 10 卷中,卢梭居住在蒙路易,处于卢森堡公爵和公爵夫人的庇护下,似乎恢复了怡然自得的生活;但是在第 11 卷中我们发现,随着《爱弥儿》和《社会契约论》的出版,厄运再次降临;在最后一卷开篇他写道:

黑暗的生活由此开始,我陷入其中长达八年之久,无论我用什么方法,都无法冲破这可怕的困境。我深陷痛苦的深渊,遭受一连串打击,我虽然看出了打击我的直接的工具,但是我始终没有看见那只操控工具的手和它采用的方法。(C12:544,C1:589)

这一卷可以被称为"流放的故事",讲述 1765 年底卢梭准备和大卫·休谟前往英格兰,从引文中可以看出,他此时的写作正处于强烈的偏执狂边缘,不管怎样,这部按时间顺序构架的作品都带领我们透过卢梭赋予重大意义的事件,体会到他当时的感情、动机和意义。我们将看到,这种明显的结构揭示了什么是最持久的工作。

我希望从整个文本中挑选出若干段落,以传达出这部作品的特色。第 1 卷讲述卢梭的童年和青年生活,是全书中最精彩的部分,它绘制了卢梭早期经历和行为的生动画面。趣事之一是卢梭与他的表兄亚伯拉罕为了与朗伯西埃先生(波塞的牧师)种植的胡桃树相媲美,便想砍下一棵柳树种在胡桃树旁边,为了浇灌新砍下的树苗,他们设计了一个隐蔽的沟渠,以便朗伯西埃先生给胡桃树浇水时渠水能流到他们的柳树底下,卢梭写道:

(朗伯西埃先生)刚刚浇完第一桶水,我们就发现汩汩清水流进了我们的沟渠。见此情景,我们竟兴奋地大呼小叫起来。大事不好,这叫声引得朗伯西埃先生转过身来,他本来正仔细查看胡桃树下如此好的土质怎么会这么吸水,当他发现一根水管竟然通向两个沟渠时不禁大吃一惊,经过仔细观察,他发现了我们的诡计,马上拿来一把大铁镐,一下子刨飞了我们的木板,他大喊着:"有一条地下水道!有一条地下水道!"水花飞溅在他的周围,每一镐都重重刨在我们心上。顷刻之间,木板、水管、沟渠和柳树全都被刨得底朝天。在整个可怕的破坏过程中,他什么话也没说,只

是不停地重复喊着:"地下水道!地下水道!"他一边喊,一边将我们的工程刨个稀巴烂。(C1:33,OC I:23-24)

这一段相当精彩地抓住了孩子们快乐和兴奋的瞬间。朗伯西埃小姐的惩罚对卢梭后来的生命构成了更重大的影响。

> 朗伯西埃小姐不仅对我们有母亲一般的慈爱,也有母亲一般的威严,在我们该受惩罚的时候,她就会给我们应有的惩罚……不过在真正被责罚之后,我发现它并没像预想的那样可怕,更奇怪的是,每次挨打都让我更喜爱这位打我的人……在皮肉之苦带来的疼痛和羞愧之中,我发现了一种混合的情欲,这使我不但不害怕,反而希望那只手再打我一顿。……谁能想到,一个八岁男孩被一位三十岁的女性责打,竟然决定了我今后一生的喜好、欲望和情欲,而这恰恰是朝着它们本应发展的相反方向前进的。(C1:25-26,OC I:15、29、30)

还有更多相似的影响,卢梭继续写道:

> 我最甜蜜的享受是想象自己跪在一位女主人面前遵从她的命令、乞求她的原谅,活跃的想象力令我热血沸腾,我好像是一位腼腆的情人。完全可以想象,这种求爱方式是不会有任何迅速进展的,对于我所喜爱的女士的美德也毫无损害。(C1:28,OC I:17;对照 C2:78-79,C3:90-91,

C6:238-240以及C7:300-302更多关于卢梭好运和厄运交织的情欲史;OCⅠ75-76,88-89,250-252,320-322)

不过其他惩罚甚至产生了致命的后果,朗伯西埃小姐的一把梳子被人弄断了,卢梭遭到怀疑,他满怀委屈地否认做过此事,在《忏悔录》中他继续否认,他写道:

> 各位读者请想象一下:一个平日里胆小、温顺,但在情绪激动时又变得暴烈和倔强的孩子,一个一直接受理性的教导,一直受到温柔、公正和亲切对待,从不知道什么叫不公正的孩子,在第一次受到如此严重的不公正对待的时候,尤其是这竟然来自于他最敬爱的长辈的时候,他的观念会发生怎样翻天覆地的变化!他的情感会遭到怎样的挫伤!他的心绪是多么混乱!……我当时想,他们竟然为了这样一件根本不是我做的事而如此惩罚我,这太可怕了。肉体上的疼痛虽然很糟糕,但是我并没有在意,我当时只感到满腔愤怒、委屈和失望……我有生以来第一次受到暴力和不公正的对待,在我的心中留下深刻的烙印,以至于以后任何不公正和暴力的事情都会唤起我最初的记忆。……我天真无邪的童年到此结束……甚至直至今天,我对童年快乐时光的回忆都到那一刻戛然而止。(C1:29-30,CI:19-20)

不过就像下一个故事显示的那样,卢梭也可能是不公正事件的始作俑者。在都灵时,卢梭在维尔赛里斯夫人家做仆人,当维尔赛里斯夫人去世时,他趁着家中混乱偷窃了一条粉红色和银色相间的缎带,可是事情败露后,他却声称这是维尔赛里斯夫人的厨娘玛丽蓉在夫人病重期间送给他的:

> 她被叫来了……我向她展示了那条缎带,并昧着良心指控她。她困惑极了,一言不发地站在那里,只是向我投来连魔鬼都会胆战心惊的一瞥,而我却残忍地不去理睬她。最后,她坚决否认,不过,她也没有生气,只是让我扪心自问,不要诬陷一个从来都没有伤害过自己的无辜女孩,而我却依旧厚颜无耻地坚持对她的指控,并当着她的面说缎带是她送给我的。……由于当时家中一片混乱,大家没有时间对此事刨根问底,于是德·拉·洛克伯爵决定同时辞退我们两人,并自我安慰着说:"让罪人的良心为无辜者报仇雪恨吧。"他的预言没有落空,没有一天不在我的身上应验。(C2:87,OC I:85)

在结尾的评论中卢梭展现出真诚的悔恨,甚至在数十年后,在《一个孤独漫步者的遐想》第4章中他再次回忆了这一事件,不过另一方面,他又不过是为自己的所作所为寻找借口,比如害怕丢脸、思绪混乱、意志软弱、年少无知,等等,在一两页之后他说:"可怜的玛丽蓉在这个世界上已经找到了那么多人替她报仇,虽然我对她的伤害很深,但是我也不害怕在临终之际还在良心上背负着这一罪行。"(C2:89,OC I:87)卢梭相当轻松地解决了道德上的指控,并庆幸这是自己一生中所犯下的唯一罪行,由恐惧而导致的冲动,也许不会造就一个恶人,但是也几乎不会让他处于沾沾自喜的境地。

另一个更吸引人的段落是发生于 1732 年的故事,卢梭自称为熟练的音乐家和作曲家瓦索尔·德·维伦纽夫,他要给大家献上一场音乐会:

> 一切准备就绪,我就用一个帅气的大纸卷在指挥台上敲了五六下。注意!于是大家都鸦雀无声地注视着我。我开始郑重其事地击打拍子。演出开始。哦,不!纵观整个法国歌剧史上都没有出现过如此不和谐的乐章!……乐手们笑得喘不过气来,观众们惊讶地睁大眼睛……我的乐手们又趁机捣乱,故意寻开心,制造出简直能刺破聋子耳膜的噪音。尽管汗流浃背,但是我故作镇定地继续指挥,确实如此,心中满怀羞愧。(C4:145 - 146,OCI:149)

事实上,几行之后他就提到了后来大获成功的舞剧《乡村占卜师》,这足以给他带来安慰,此处坦然承认失败看起来相当直率。

在众多值得注意的时刻中,我将选择四点分析。第一个值得注意的关键点是卢梭的情欲冒险,这是由他的"妈妈"华伦夫人带给他的性启蒙:

> 妈妈认为,为了让我摆脱青春期可能遇到的危险,是时候把我当成成年人对待了,她确实这样做了,不过她采用的

方式相当奇怪,是其他女性面对此事时无论如何都想象不出来的。(此段和以下引文都出自 C5:186-190,OC Ⅰ:193-197)

她愿意把自己的身体交给卢梭,并给他 8 天时间考虑这件事:

也许有人认为,这 8 天对我来说有几个世纪那么漫长。不,恰恰相反,我还巴不得它们真有几个世纪那么长。我不知道如何描述我当时的心情,恐惧混杂着焦躁……在我年轻的生命里,我却一点也不渴望这第一次经历,这是多么不可思议!为何随着时间的迫近,心中的痛苦反而多于欢乐?

最后,他道出了原因:

长期和她毫无杂念地居住在一起,不仅没有削弱我对她的感情,反而让我更加爱她了,只不过我对她的情感上发生了变化:我对她更加亲切,更加温柔,但是少有肉体之乐的追求。我管她叫妈妈,把自己当成她的儿子,我已经习惯这样的角色,我想这才是我并不急于占有她的真正原因。

到了第 8 天:

我真心实意履行了自己的诺言而不求任何回报,不过我还是得到了她的报偿。有生以来我第一次躺在一个女人的怀里，被我喜欢的女人抱在怀里。我感到幸福吗？不，我体会到了肉体的快乐，但是不知是何种忧伤毒害这种甜蜜。我觉得自己犯了乱伦罪。我有两三次把她紧紧搂在怀里，眼泪流到她的胸前，可是她既不显得难过也不感到兴奋，她表现得如此平静温柔。由于她既不纵欲也不贪淫，所以她既不觉得男女之爱有多么甜蜜，也不会为此而感到后悔。

无论按照何种标准看，这都是对一个异常事件的异常描述。众所周知，在卢梭的一生中，他很难对家庭伴侣产生浪漫的激情。在前文第 2 章描绘他的生活时，我屡次感到好奇的是，黛莱丝——这位长期的伴侣并最终成为他妻子的女人，只是他浪漫情欲的附庸，无望地依附于其他女人，竟然从没有介意过他放弃抚养他们的孩子。卢梭此处描写了 1745 年春天他们初次见面的情形，当时卢梭正寄居在巴黎：

> 这家旅馆的新老板娘是奥尔良人，她从家乡带来了一位二十二三岁的姑娘专门做针线活，这姑娘和老板娘一样，与我们同桌吃饭。姑娘名叫黛莱丝·勒瓦赛尔，出生在一个体面的家庭……我第一次在餐桌上见到这姑娘，就被她羞涩的举止打动了，尤其是她那一双明亮温柔的眼睛，更是与我以前见到的大为不同……看到其他房客戏弄这女孩，我就替她解围，结果他们就转而嘲笑我。这样一来，即使我对这个小姑娘本来没有兴趣，但是由于同情心和对那些人

不满,也会让我对她产生兴趣……她非常腼腆,我也很腼腆。虽然这种共同的内向性格似乎不会让我们的关系迅速发展……然而我们惺惺相惜、情投意合,很快就产生了情理之中的效果。她从我的言行中看出我是一个正直的人,她没有看错;我从她的举动中也看出她是一个重视感情、心地单纯、不卖弄风情的人,我也没有看错。我事先对她声明:我永远不会抛弃她,但是也永远不会和她结婚。我对她的爱、尊重和真诚,是我成功的法宝;我无需大胆妄为却能收获幸运的原因是她心地善良、性情温和。(C7:309 - 311,OC I:330 - 331)

几行之后他写道:"简单地说,我需要一位替代妈妈的人"——但是他需要的是母亲般的呵护和依恋,而不是恋爱的狂喜和迷恋。事情继续发展着,当1756年他和黛莱丝到退隐庐居住时,卢梭承认无法继续渴望:

如你所见,我和黛莱丝的生活是无拘无束的,甚至可以说是随心所欲。然而无论我与她在一起或是远离她,我的心中都有一种挥之不去的隐痛。(C9:395,OCI:424)

他的忧郁挥之不去:

我生来性情外露,认为生活就是爱,可是像我这样注重情谊的人,为什么至今没有找到一个完全属于我的朋友、一个真正的朋友？我的感情如此炽烈，我的心中充满爱意，为什么我的心从没为某个特定对象燃起爱的火焰？我需要得到狂热的爱，可是我没有办法获得满足，我目睹着自己正走向暮年，还没有真正生活过就要死去。(C9:396-397, CⅠ:426)

这自怨自怜的安慰让卢梭想起早年的情感，回忆起与女孩在一起的亲密无邪时刻："我看到自己被一群天仙和旧友环绕，像我这样对她们强烈的怀念已经不是第一次了。我血脉贲张，尽管已经生出白发，但是我的心依然感到迷醉，我这个举止庄重的日内瓦公民、这个品行严谨的让-雅克，在年近45的时候，突然又陷入恋爱的迷狂。"（同前）

此种"心醉"激发了《朱莉》（或《新爱洛伊丝》）的创作灵感：

> 由于无法在现实中寻找到真正的爱人，我便遁入虚幻之乡；既然看不到任何值得我颂扬的情感，我就在理想世界继续寻找，我用充满创造力的想象描绘我心目中的美好形象……在我持续不断的心醉神迷的状态中，我领略到心底最温柔细腻的情感。我完全忘掉了芸芸众生，我创造出的都是可与仙人的品德和容颜媲美的人，都是在世上难以找到的忠诚可靠的朋友。(C9:398, OCⅠ:427-428)

卢梭努力写作《朱莉》的第一部分，书中女主角似乎源自埃皮奈夫人的妯娌苏菲·乌德托（当时卢梭正借住在埃皮奈夫人的退隐庐中）：

> 春回大地唤醒了我的梦幻想象，在情意缠绵之中我完成了《朱莉》最后一部分的几封书信，我的激情跃然纸上……正在此时，我迎来了乌德托夫人的第二次意外造访，……这是她第一次来退隐庐，她身着男装，骑马前来。虽然我不喜欢这种装扮，但是这种浪漫的氛围让我陶醉，我一下子就坠入情网。由于这是我一生中第一次也是唯一一次真正动了情爱之心，加之它的后果如此可怕且难以忘怀，所以请允许我仔细描绘这段故事。（C9：408，OCI：438－439）

"我在乌德托夫人身上看到朱莉的影子，但是很快，我的眼中只有乌德托夫人了，她具有我心中的女神所拥有的一切完美品质。"（C9：410，OCI：440）

随着卢梭情感的变迁，我们可以探究其内在本质，同时也会对文本进一步思考，我将简单谈谈这场恋爱的后果，这对他来说是"可怕的"回忆。毫不奇怪，埃皮奈夫人和她的朋友们并不在意乌德托夫人的爱人圣朗贝尔怀疑卢梭的特殊身份，可是他敏感而内疚的心理使得他怀疑他们不怀好意，他们的言语和态度尤其像是充满敌意和伤害。随着卢梭早期偏执心理的出现，不久以后，卢梭与他们的关系不可避免地破裂了：

> 他们暗中指控我背信弃义、忘恩负义，这种流言蜚语收效更大。我知道他们硬说我干下了许多滔天罪行，但是我

从不知他们到底所指为何,我只能根据公众的传闻概括出这四条罪状:(1)我隐居到乡下;(2)我爱恋乌德托夫人;(3)我拒绝陪埃皮奈夫人去日内瓦;(4)我搬离退隐庐。(C10:456,OCⅠ:491)

卢梭的怀疑对象主要是梅里季奥·格里姆,这是埃皮奈夫人的密友,也是在卢梭远离的社交圈中表现得彬彬有礼的人物。

他凭借高超的才能以及在我们双方悬殊地位中占据的优势,制定了一个彻底败坏我名声的计划,他不动声色地将一个完全相反的我强加于我的身上。他的第一个举动是在我周围筑起阴暗的高墙,使得我无法刺透无尽的黑暗、揭穿他的阴谋。……他最阴险的花招是表面逢迎我,实际却一直污蔑我,从而给他背信弃义披上宽宏大度的外衣。(C10:457-458,OCⅠ:492-493)

很明显,这是一种迫害妄想的语气。卢梭心中的绝望自然产生了不可避免的影响,苏菲厌倦了他的"狂暴反应",几经波折,他们之间的密切关系逐渐消退,直至他送给她作品复制本时达到顶点:"她偶尔回信,写些无关紧要的内容,满是客气的语气。"卢梭由此结束了他生命中"第一次也是唯一一次爱恋"。

我希望从卢梭文本中摘录出来的这些段落能传达出卢梭作品的广度、深度和生命力,它们坦率直接而又富含深意,富于洞见而又晦暗不明。总之,人们怎样看待和评价这部非凡的作品呢？卢梭在第一页阐明了自己的目标：

> 我正在从事一项前无古人后无来者的事业，我就是要将一个人的本来面目真实地展现在读者面前，我要展示的这个人，就是我。……无论末日审判的号角何时吹响，我都可以手捧这本书将自己呈现于最高审判者面前，高声对他说："这就是我所做的一切，如果我在记录中曾有一些修饰，那只不过是为了弥补记忆缺陷。我可能会将我以为是真的事情说成真的，但是决不会颠倒黑白，将我明知是假的事情写成真的。我如实描述自己：当我行事卑劣时，我就自揭短处；当我品行高尚时，我就坦然记录。……上帝啊，让千千万万的同胞围绕着我，倾听我的忏悔，让他们指责我的堕落、批评我的罪行。他们每一个人都在您的宝座前像我这样真诚地揭露自己的内心，看他敢不敢说'我比这个人好'。"（C1:17,OCⅠ:5）

这一段呈现了卢梭的诸多性格：远大的抱负、独特的感受、狂妄自负、挑战和蔑视同伴、对自身优点得意扬扬，等等。由于强调真实性，在卢梭率真的笔触下，文中提到许多弄虚作假的事例，它们揭示了自私的动机或是无法辨别真伪的事件，这些内容引发了强烈的抨击。尽管我们在许多情节中看到卢梭展现了自己的恶行，但是这些描述难道不是理解他的外在行为和内在动机的最好说明吗？难道我们不希望看到卢梭通过新的自我理解的方式、指出生活的意义吗？通过大篇幅讨论自己的内在情感、怪异行为、情绪波动,卢梭剖析了自己的动机以及内在生命的绝对地位,他认为正是这些而非作为外部世界标志的成就、荣誉、地位构成了人类存在的意义。此处可与之比照的是苏格拉底,他一生只追求真理,不屑于世俗生活中的地位问题。用卢梭的话说,他追求的真理是"本性真实",正如试图追问真理是什么一样,这项工作也试图回答人的本质和命运是什么。以戏剧化的形式塑造和展现个性,而不是直述个人成就,这种写作方法将会而且依然对浪漫性自传的发展产生巨大影响,我会在下一章谈到这一点。无论人们怎样看待这本书,《忏悔录》都是卢梭最吸引人的作品之一。

## 《卢梭评判让－雅克:对话录》

《忏悔录》记录的故事到 1765 年末戛然而止,卢梭讲述了他如何本打算离开圣·皮埃尔岛去伯林,但是最后却去了巴黎,然后又与大卫·休谟一起去了伦敦(他称这又是一个针对他的阴谋)。在接下来五年的困顿生活中,卢梭继续写作《忏悔录》,同时完成了《音乐词典》并于 1767 年出版,到了 1770 年他最终定居于巴黎。在此之后,他写作《波兰政府考察》的提纲(本书第 6 章讨论)、研究植物学、誊抄乐谱、准备撰写《植物学入门》,大概到了 1772 年他开始写作著名的《卢梭批判让－雅克:对话录》,这是另一部自我剖析和辩护的作品。我讲过他曾试图把手稿副本藏到巴黎圣母院的圣坛上,此处值得旧事重提。1776 年 1 月卢梭完成了著作,但是他处于精神混乱的痛苦中,被迫害妄想折磨得惶惶不可终日,为了安全起见,他试图将作品副本藏到圣坛上,可是到了圣母院却发现大门紧闭。他绝望地在巴黎街市漫游,直到深夜才回到家中,此时已经濒临崩溃。他在紧张焦虑之中写下短笺:"致所有仍然热爱公正和真理的法国人",他把作品副本塞到路人手中以及分发给多位朋友,接着一边继续与心中的恶魔争斗,一边寻求某些救济和解脱。不久之后,他最糟糕的躁狂症有所减轻,开始写作《一个孤独漫步者的遐想》,我一会再论述这一主题。

《卢梭批评让-雅克:对话录》是一部杰出的作品,本书中卢梭——准确地说是"卢梭"这个角色——作为对话人与一位法国人(假设的公众代表)展开辩论。手稿展现了作品目录:"对话一:让-雅克的行为体系;对话二:让-雅克的性格与习惯;对话三:让-雅克著作的精神以及结论"。卢梭通过自我的变形"卢梭"和法国人进行讨论,以此展现他(让-雅克)的性格、动机、生活方式以及取得的成就。文章以"卢梭"的独白开篇,讲述了让-雅克受到的无尽毁谤和污蔑,他希望逐步展现一个真实的让-雅克;在对话二中,随着"卢梭"拜访让-雅克,真相将浮出水面;通过仔细阅读对话三,人们也会得到相应结论。这一与众不同的结构从三个角度展现了让-雅克:读者的观察,本人的自述,以及作品中的呈现。

《对话录》有点冗长,有时显得啰唆重复,我并不打算仔细分析全文,只会选择三个重要主题分析。首先,正如上节结尾我引用的《忏悔录》中展现的,卢梭用大量篇幅描写那些所谓的"绅士"针对他而设计的阴谋和欺骗,他们希望从对卢梭的诋毁中获利。他声称这些阴谋的真正起因是让－雅克天真单纯、不为外界所影响的善良本性激怒了他周围的伪君子,他们在让－雅克的高洁品质的对比下,显得尤为虚伪、贪婪、深受腐蚀。如此一来就产生了第二个主题:让－雅克非常柔弱,随着情感起伏而心绪变化,并不是像他们声称的那样是一个邪恶的怪物,他也不应该对这些指控负责。第三,卢梭坚持让让－雅克表现出来的智力和道德与其他作品中的描述保持一致,由此引来许多指责,他们说没有人能创作出如此多种类的原创作品,这暗示着卢梭存在剽窃。

我将简短摘录作品中的一些内容来说明这些主题,它们也表达出卢梭惯常的语气和性格。让我们从本书的结尾开始,卢梭以法国人的语气写道:

> 阅读这些书籍以后,我很快就感到自己被骗了。他们对我说,书中逻辑混乱、文笔浮夸、内容东拼西凑充满矛盾,但是我看到的却是思想深刻、体系连贯的著作……非但不是别人加之于他的险恶用心,而只是一种有益朴素的学说,这种学说既没有伊壁鸠鲁主义,也没有言不由衷的论述,它只是致力于人类的幸福。(RJJ3::29,OCⅠ:930)

什么是有益朴素的学说? 这就是:

> 我尽量跟随他的思路,我看到了他对于伟大原则的完

全展开:人天生是幸福善良的,但是社会使人堕落变坏。尤其是《爱弥儿》,虽然很多人读过这本书,但是能读懂的人却那么少,对它的评价又是那么差。这篇论著无非是讲人性本善,其目的是指出罪恶与错误和人的天性格格不入,这些东西从外部进入人心,使人在不知不觉中变坏。在早期作品中,他更致力于摧毁残存的错觉,这种错觉让我们对造成自身不幸的工具产生愚蠢的崇拜,他也致力于纠正错误的评价方式,这种评价让我们对有害的天才推崇备至却对有益的美德不屑一顾。他处处让我们看到,自然状态的人类更优秀、更聪明、更幸福。(R 3:213,OC Ⅰ:934-935)

不过:

人性不会逆转,人一旦远离了天真平等的状态,就再也无法返回。这也是他最为强调的另一条原则。所以他的目标不是让众多的民众或伟大的国家回到最初的简单状态,而是如果可能的话,就去阻止前进的步伐:那些小规模的进展防止了人们迅速朝着完美社会和人类退化走去……尽管这些独特的见解被经常强调,但是那些虚伪的文人和愚蠢的自尊心极力劝说人们相信,哪怕在人们根本不考虑这些见解的时候,他们也会受到关注。这使得大国采取了只适用于小共和国的措施,对于这个世界上真正尊重法律、尊重国家政体的人,人们却固执地将其视为动荡和骚乱的始作俑者。(Ibid)

此处混杂了奇怪的自我想象:"芸芸众生中的一员"充满蔑视地对抗着"那些绅士"、"那些经常引人注目的文学之士"。如果想要对让-雅克的智力成果进行总结和评价,那么这就是他贯穿全书的特点。

为了说明第二点主题,让-雅克是一个天真无邪的人,他如此单纯,以致于对憎恶他的人来说是一种难以忍受的羞辱。那么接下来的段落非常有代表性:

没有什么东西能像来自正直心灵的证词那样鼓舞人心,它出于纯洁的目的,正因为热爱正义和真理,所以毫无畏惧地大声陈述判断。但是与此同时,也没有什么东西能比这种勇气使人面临这么多来自精明仇敌的危险。它将一个充满激情的人推入他们为他设下的陷阱,听任他不守规矩地冲动妄为,放任他不谨慎地犯下千百个过错,只有坦诚率直的灵魂才会陷入其中,但是仇敌很善于将每一次过失都转变成可怕的罪行。凡夫俗子们没有高尚的情感,他们无法理解热情奔放之人,只能设想他们的情感是为利益驱动;他们无法相信热爱正义、热爱公众福祉可以激发这样的热情。他们只会以己度人,给这些人编造个人动机,这与他们掩藏在冠冕堂皇名义下的动机极为相似,如果没有这些冠冕堂皇的词语,人们恐怕永远看不到他们会为何事而激动。(R 2:176, OC I :887;这些话写给"卢梭")

至于针对让-雅克的阴谋和污蔑,法国人的一段冗长陈述中有一个简单的例子:

> 首先……这正是大人们伟大、慷慨、令人赞赏的计划……为了防止他随心所欲地实现他的邪恶图谋,他们仍要帮助他获得甜蜜幸福的生活。如此一来,他就到处都能找到他所需要的东西,而在任何地方又没有他可以滥用的东西。他们希望他吃下耻辱的面包、喝掉屈辱的酒水,他们甚至装模作样地对他表现出嘲弄性地关切……而这一切使得他更成为人们眼中的笑柄。最后,既然他总是喜欢与众不同,那么他就有理由满意了:人们注意让他不缺少这些东西,当他得偿所愿的时候也就到处被人指指点点。……但是他是一头熊,必须用铁链拴住,以防他吃掉路人。人们尤其害怕他笔下的毒素,可是又无法阻止他放毒;人们不给他留下任何为自己名誉辩护的机会,因为这对他毫无用处,因为在此情形下,他无力攻击任何人的荣誉。……你一定料到了,在那些要让自己放心的人中,他们也没有忘记书商,尤其是那些以前他经常合作的书商,其中一个甚至被以其他借口在巴士底狱关了很久,而事实上是为了在让-雅克的问题上可以对他更好地洗脑。(R 1:44 – 45,OC I:716 – 717)

更多的事件具有同样的影响。很显然,此处的思想表达受到很大干扰,卢梭当时一定正遭受着难以忍受的痛苦。尽管这部著作中到处是这种语气,但是那些真正清晰准确、富有洞察力的段落——正如我们见到的法国人对让-雅克主要观点的概括——包含了对自尊这一概念的本质的精致说明。我在前文已经对此有过论述(比如,参见 R 1:9 – 10,2:112 – 113,OC I:668 – 669,805 – 806)。为了发现这些宝贵的洞见,必须同时注意许多其他内容,那也是卢梭的作品,虽然内容精彩,却可能是被人们阅读的最少的一个文本。

## 《一个孤独漫步者的遐想》

如前面提到,到了 1776 年夏天,卢梭最严重的精神疾病慢慢减弱。那年秋天,他被一条名叫大丹的狗所伤。离奇的是,这以一种不可思议的方式,反而似乎有助于他健康的恢复,使他重返心灵自由的状态。卢梭在《一个孤独漫步者的遐想》(第二次漫步)中描述了这一戏剧性事件(RSW2:38,OC I:1004 – 1005)。《一个孤独漫步者的遐想》(以下简称《遐想》)的 10 个章节都以"漫步"为名而不是以章节命名,这抓住了"遐想"的核心。这里有各种各样的回忆、反思、沉思,它们盘亘于卢梭的脑中,随着他漫步于巴黎市内和郊外(参见 RSW1:32,OC I:1000)。

1776 年的秋天他开始写作《遐想》,这是卢梭最后一部重要的自传。他进行了许多实质性的工作,但是直到 1778 年 7 月去世也没有写完,本书以回忆前几年痛苦的生活开篇:

现在我独自一人存活于世,没有兄弟,没有邻居,也没有朋友,除了我自己,没有任何人相伴。人类最愿意与人交往和最有爱心的人,却被其他人抛弃了。他们满怀刻骨的仇恨,想方设法用最残忍的手段折磨我敏感的心灵,并粗暴地斩断我与他们的所有联系。尽管他们如此这般,我依然爱我的同胞。他们只有违背良知,才能躲避我的情感。既然他们不愿意我爱他们,他们在我心中就是陌生人了,就不再有存在的意义。但是,对我来说,摆脱了他们、脱离了整个世界,我又是什么人?我要追问的正是这个问题。(RSW1:27,OC I:995)

他继续讲述面对世界的轻视和拒绝时他的顺从,他的内心最终走向平和,因为他不再寄希望于被周围的人理解和尊重。不过,并不完全清楚这部作品是否体现了他的想法,一方面他说保留回忆,以便"每次我读到它们的时候,就会唤起我最初的愉悦。我要忘记所有的不幸、迫害和羞辱,只记录值得回忆的部分,以此作为对我心灵的奖励"(RSW1:32,OC I:999-1000)。但是另一方面,在许多漫步中,他仍然尖锐地驳斥反对者和诋毁者,所以事实上本书所称的"沉默寡言、自我排解"并不那么清楚。

在第二次漫步中,我们读到卢梭被大狗扑倒的故事,他讲述了令人惊讶的心智恢复的过程:

傍晚来临,我看着天空,有几颗星星,还有几片树叶,这刹那间的感受真是美妙极了,我没有意识到其他东西。在这一瞬间,我获得了重生,我看到的这些东西充实了我脆弱的生命。我只注意到当下,别的什么都记不起来,我既不知道自己是怎样的人,也不知道刚刚发生了什么……我的内心充盈着安静平和,此后每当我回忆起当时的情景,却再也找不到可与之相提并论的快乐。(RSW2:39,OCⅠ:1005)

他继续写道,关于他被谋杀的谣言迅速传遍了巴黎。第三次漫步讨论卢梭对于生命目的和万物本质的观点:"我这番努力研究的结果,差不多都写入了《一个萨瓦省神甫的信仰自白》,尽管这部作品在当代遭到恶毒攻击和亵渎,但是总有一天它会对人们的观念产生革命性影响。"(RSW3:55,OCⅠ:1018)他继续写道:"只要我们深信能获得充满荣耀的补偿,任何尖利的折磨都会不值一提,我对这种补偿充满信心,这是基于我早期沉思的主要成果。"(RSW3:57,OCⅠ:1020)从这里可以看出,虽然卢梭声称毫不在意自己在世间的命运,但是他依然寻求来自世人的安慰,他被否认的或被剥夺的荣耀依然塑造着他的情感和态度。

第四次漫步是一个扩展性讨论,关于他是否可以将"把我的一生奉献给真理"作为自己的座右铭。他曾经不止一次提到偷盗缎带时编造的"可怕谎言",他辩解称根本不想伤害那个女孩,只是为了掩饰羞愧和胆怯才那样说。卢梭似乎采用一种宽泛的观点,认为只有出于故意伤害的目的去捏造谎言才违背了他的座右铭,不过他引入了过于复杂的区分,如果仔细分析会导致我们偏离既定目标。我想,值得注意的是,他一方面承认自己没有完全履行自己"引以为傲的座右铭",他的主要关切似乎是软弱的谎言带来的自我贬低。但是另一方面,毫无疑问,"真实是一个好人对自己的尊严应有的敬意"(RSW4:80,OC I:1038)。在我看来,这是一个奇怪的注解,他不再回忆对于女仆玛丽蓉的无尽伤害,为反对卢梭的诚信缺失,更有意义的可能是关注玛丽蓉的困窘生活。

第五次漫步描述卢梭在圣·皮埃尔岛的短暂田园生活,1765年他离开蒙特利尔之后曾居住于此。他在《忏悔录》第12卷也提过此事,我们有必要对比这两处描写。尽管时光短暂,但是对卢梭来说,这是一段非常快乐的美好回忆:

> 夜幕将至,我从岛上的高地走下来,我喜欢这样到处走走,坐在与世隔绝的湖边鹅卵石上,汹涌的波涛和奔流的水声吸引了我的思绪,驱赶了我心中所有烦恼,将我推入美妙的冥想之中,直到天已大黑,我还没有发现夜晚已经降临。波涛起伏,水声不停,不时还夹杂着轰鸣声,这一切,不断传到我的耳里,吸引着我的眼睛。它们打破了我内心平静的遐想,这使我无须思考,就能充分意识到自己的存在。(RSW5:86-87,OC I:1045)

许多人都知道,奔腾的波涛很难具有镇静作用。这些安宁幸福的日子与第六次漫步的主题形成鲜明对比。卢梭在那篇文章中主要分析道德责任的约束,他抱怨说,自己仁慈慷慨的举动常常被受助者视为"理所当然的事情……最初出于自愿的仁慈之举却成了无穷无尽的义务……原本的甜蜜快乐变成了不堪承受的负担"(RSW6:95,OCⅠ:1051-1052)。从这里我们可以看出,卢梭痛恨任何形式的约束。在这场微妙紧张的争论中,卢梭更倾向于认为,如果对人们的行为赋予特别突出的责任和义务,那可能会摧毁人们本来的意愿,人们不再对他人提供帮助。此处重现了我们在《爱弥儿》中讨论过的对强制性道德要求的批评。

下一篇漫步(第七篇)讲述卢梭对植物学的热情以及从中获得的巨大乐趣,这并不是出于商业利益或药理学利益。他在湖边漫步冥想,沉醉于花草树木的清香,紧张焦虑的情绪得到缓解。

> 大自然唤醒万物,在啾啾鸟鸣和潺潺流水中,它们披上新装,向人们展现着天、地、人的和谐。在这世界上,只有如此生机勃勃的景色才能使人百看不厌、萦绕于心。
> 观赏此景的人的内心越敏感,他就越会沉醉于静谧。他沉醉于愉快的遐想中,感到自己与美丽的景色融为一体。
> (RSW7:108,OCⅠ:1062)

此情此景下,渺小的自我可能会震惊不已,而卢梭展现出与他人的不同,他情不自禁地感慨心中的愉悦。存在的人类世界塑造着卢梭的思想,哪怕他声称这一切对他来说无关紧要,但是在第八次漫步中表现得更清楚。他说:"我保持着正直的品格,因为我不依靠任何其他的东西,我只依靠自己。"(RSW8:126,OCⅠ:1077)甚至"当我奋力与人们的意见进行抗争时,我依然是他们的奴隶而不自知"(同前)。然而在我看来,他仍渴望被他的同胞理解和接受。他的决绝离去更像是自我安慰,而不是真正出自本意。不过这篇漫步包含了卢梭对于"自尊心"的特征和作用的敏锐观察,这对前文分析过的《论人类不平等的起源》和《爱弥儿》的相关论述构成有益补充。

在倒数第二篇——也就是第九篇漫步中,卢梭表现出对孩子的爱(尽管他遗弃了自己的孩子)。像以往一样,他把自己简单天真的快乐与有钱人贪婪腐败的快乐进行对比,他通过一件小事展现出自己的追求。卢梭从集市上一个卖苹果的女孩那里买来几个苹果,并让她把它们分给那些没有钱买苹果的小男孩们。

> 这时我看到了一幕动人的场景,看到身边孩子快乐天真的笑脸,我的心也充满喜悦,集市上的人看了也高兴,而只花了一点儿钱就得到这份快乐的我,比他们更高兴,因为这幕戏是由我导演的。
>
> 当我将这份喜悦之情与我已经抛诸脑后的欢笑(埃皮奈夫人的奢华舞会)相对比时,我心满意足地体会到,健康的娱乐和天然的乐趣,与用大把金钱换来的乐趣迥然不同,后者只不过是将乐趣建立于对他人的嘲讽和戏弄之上。(RSW 9:146,OCⅠ:1093)

正如他在其他地方的表现一样,虽然卢梭此处的评论颇有道理,不过这里也包含令人心痛的自负。

没有完成的第十次漫步只有两页半残章。在这篇文章中卢梭开始讲述自己的生活以及对华伦夫人的感情。我们不得而知,他的回忆将如何演进,毕竟此处只有一个开头。

卢梭在《一个孤独漫步者的遐想》的开篇写道,本文的写作目的是追问"我是谁"。文中出现的人物都展现了《卢梭批判让-雅克:对话录》中所说的"首要原理"——人本性幸福善良,但是社会使人堕落。认识到这一点的卢梭,不再与他人接触,也不再依赖众人的意见,他要尽可能地实现自给自足和自力更生。我想他也许会说,他的退却并不完全,也没有如他所想的那样彻底。在许多时候,他认为自己如此与众不同又高于他人(尽管大多数时候别人可能并不认可),这主导了他的自我理解和情感方向。尽管本书处于自我膨胀的边缘,不过在我看来,文章中蕴含的卓越洞见和优美语言,使得该书成为卢梭最吸引人的作品之一。

本章分析的三本著作体现了卢梭的非凡成就,这种自我袒露和自我辩解无人可及。在我看来,《忏悔录》是最精致也是最有趣的作品,三部作品整体展现出的丰富想象力、杰出创造力和大胆的设计,足以表明卢梭是一位富有创造力的天才——哪怕他没有其他作品。

## 拓展阅读

Peter France, *Rousseau: Confessions*。Cambridge: Cambridge University Press, 1987。简明扼要介绍《忏悔录》内容和写作特点的著作。

Ann Hartle, *The Modern Self in Rousseau's Confessions: A Reply to St. Augustine*。Notre Dame: Notre Dame University Press, 1983。侧重于对自我本质的探索。

Christopher Kelly, *Rousseau's Exemplary Life – The 'Confessions' as Political Philosophy*。Ithaca, NY: Cornell University Press, 1987。细腻阐释了卢梭对于卓越人生的理解。

James E. Jones, *Rousseau's 'Dialogues': An Interpretive Essay*。Geneva: Droz, 1991。完整评述《卢梭批判让－雅克: 对话录》。

Charles E. Butterworth, 'Interpretative Essay' in Jean–Jacques Rousseau, *The Reveries of the Solitary Walker*, tr. Charles E. Butterworth。Indianapolis, IN: Hackett Publishing Company, 1992。细致谨慎地阐述卢梭文本。

Michael Davis, *The Autobiography of Philosophy – Rousseau's The Reveries of the Solitary Walker*。Lanham, MD: Rowman& Littlefield, 1999。基于海德格尔的思想进行的解读。

# 第八章　卢梭的遗产和影响

## 引　言

　　本章旨在简要说明卢梭及其作品的影响。这些作品启发了后世的哲学家、创作者,引发了社会政治事件,改变了人们的观念,塑造了人们对于自我的理解以及何为良好生活的认识。我将主要关注自卢梭诞生以来其对于西欧近三百年来的影响。尽管人们对如何评价他的成就众说纷纭,有人认为其居功甚伟,有人认为其贻害后世。但是毫无争议的是,他至今依然是一位具有深远影响的人。

　　在前文中,我曾引用金斯利·马丁的论断:

　　　　卢梭是一个天才,很难准确概括他的影响,因为他的影响弥散于后继思想中……他解放了想象力,也解放了情感;

他增加了人们对于正义的渴望,也迷惑了他们的思想;尽管有钱人可以利用他的论断,但是他也给穷人以希望。(Martin:219)

阿兰·布鲁姆更精辟地评论道:

> 卢梭的影响无所不在……卢梭之后的学派是各种主义、思潮学说,它们预示着政治或社会运动,却或多或少只具有单一目标,卢梭拒绝这种局限……他虽然没有产生自己的"主义",但是提供了真正现代性的视角。他关心高级的、非利益性的道德,这构成了康德唯心主义的基础;他批评现代经济、质疑私人财产的合法性,这成为社会主义尤其是马克思主义的根基;他强调人的起源而不是最终结果,这使人类学获得中心地位;他认为,对人类来说,从自然状态向公民社会过渡的历史进程似乎比人的本性更重要,这是历史主义的观点;他提出社会化进程对人类本性造成创伤,这成为以弗洛伊德为代表的心理学的新流派;他推崇美丽的浪漫爱情、怀疑现代社会与崇高纯粹的精神是否相容,这给只为艺术之故而崇尚艺术以及追求波西米亚生活提供了辩护;追求现代形式的共同体生活是卢梭式情感,随之而来的就是对自然的热爱和对自然征服者的憎恶。这些内容和更多意蕴从卢梭的文字中流淌出来,他不仅具有无与伦比的清晰头脑,还拥有震撼人心的雄辩修辞。(Bloom, Rousseau's Critique of Liberal Constitutionalism:145 – 146)

这是相当翔实的评论,不过我并不打算触及布鲁姆提出的所有主题,我尝试通过一系列介绍来证实他的评论,在这里我们会看到卢梭展现了一个又一个文化场景或社会场景。我将从卢梭在18世纪启蒙运动中的地位谈起,这与今天的看法已经相当不同。

## 卢梭与启蒙运动

18世纪,许多国家和文化都在不同的时期内、以不同的方式经历了重大转变。这些变化发生在观念、宗教、科学信仰、对社会和政治的理解、对权力基础的认识等诸多领域,这一时代的改变通常被称为"启蒙运动",有时也被称作苏格兰启蒙运动、法国启蒙运动等。查德威克写道:

> 顾名思义,启蒙运动是一个现代词汇,在19世纪早期并不为英语国家所知。当英语演说者第一次需要用一个词来描述这百科全书时代的思想氛围时,他们借用了德语词汇"启蒙"(Aufklärung)。这说明"启蒙"一词对学者来说还没有流行起来。到了19世纪70、80年代,他们不再将这一时期视为启蒙时代,对大多数人来说,这是一个以断头台和政治恐怖为终结的耻辱时代。(Chadwick:144)

"思想氛围"是语意含糊的表述,不过卢梭作为法国启蒙运动的代表性人物,他对这一氛围的创造性贡献不容忽视。法国启蒙运动的领袖包括通常被视为哲学家的伏尔泰、狄德罗、孔狄亚克、达朗贝尔,卢梭在一生中不同时期都与他们有过交往。通常说来,这些思想家视自己为清道夫,他们不但要清除愚昧观念、陈腐思想,而且要打破阻碍人类进步、繁荣、幸福的制度,取代这一沉重遗产的方式就是将其置于透明的环境中,通过合理的目标和功能、知识和制度来解放人的力量与远见。教会——尤其是天主教会控制着知识,此种情况下,法律、政府、社会事务以及个人事务都是缺失的。启蒙运动中,普世的世俗理性、观念、技术在自然科学中处于中心地位,获得了它们的应有地位,所有事务都要带到理性法庭的面前,接受调查、问询、为自己的言论提供证明。康德写下《什么是启蒙运动》的著名篇章:

> 启蒙运动从人的不成熟状态发展而来。"不成熟"意味着不经过他人指导就无法运用人的理解力。如果这种不成熟不在于缺乏理智,而在于不经过别人的指导就缺乏运用理智的勇气,那么这种不成熟状态就是自己加之于自己的了。所以启蒙运动的口号是"勇于认识!"人类要有勇气去运用自己的理解力。(Kant,54)

一般说来,启蒙运动是这样一个时代:主流思想家致力于开放、自由的探索,不受教条约束,也不被权威审查;人们从原则上承认,任何人都可以自由质询,没有人享有特权,也没有人能够被剥夺批评调查的权利；社会中受到重视的聪明博学之士，应该以公开、充分利用自身天分的方式来获得自己的地位，而不是通过特殊关照或是持有某种特殊信念的方式。启蒙运动中存在着强烈的平等主义信念，即使这些杰出的思想家鲜有鼓吹任何激烈的政治行动，但是这些观点的传播已经颠覆了既定的秩序。前文已经数次提到的由狄德罗和达朗贝尔编撰的百科全书，在查德威克看来是最能代表启蒙运动的纲领性文件，这部著作的编辑和撰稿人是创造这种"思想氛围"的中心人物。

卢梭如何看待这些观点和态度？他又如何不停地追问？正如我们在本书第3章所见，他在首部成熟的作品《论政治与艺术》中严厉批评了科学和艺术可以对人类的福祉和生活做出改善的观点，他攻击那些提出巧妙悖论的人，认为他们腐蚀了普通人简单但是可以救赎生命的信仰。然而当时他的文章被视为充满悖论和挑衅，这恰恰展现了哲学家们支持的批判性智慧，而不是对他们激烈的抨击。事实上，这篇文章可以被视为对真理更执着、更充满诚意的追求，他希望以此来揭露欺世盗名之人，而不是去毁坏自由探究的根基。

不过很显然，在卢梭晚期作品中，他与某些启蒙思想的核心要素渐行渐远。比如，一方面，他赞成理性既不能为上帝存在提供证明，也不能为宗教信仰提供支持，他无法得出这样的结论：抛弃宗教信仰，人类以自我为中心生活就可以获得更富足的生活，因为这种欲望只会让人丧失怀疑的态度并产生愤世嫉俗的情绪。可是另一方面，卢梭又被"虔诚的内心"指引，他无法抗拒对宗教信仰的赞成。这在本书第4章关于《信仰自白》的讨论中已经说明。他意识到，人类事务和社会秩序要更多地依赖于美德和矢志不渝的忠诚，而不是任何政治或法律的"理性原则"知识。他总是说，这些理性最后只不过是为追求狭隘的个人利益提供借口。在这些观念的影响下，他不仅疏远了对理性的信心，而且对其充满敌意。而对理性抱有信心则意味着，通过一系列明确的规则，一切都可以得到解释，一切都可以得到掌控，社会将朝着更美好、更幸福的方向发展。他变得越来越崇尚神秘、谦卑和顺从，将这些作为更高深层次的人类精神需求。

理性和信仰之间、理智和情感之间充满模糊而多重的冲突，科学的深度和广度会对人类的本性和人类生活造成何种影响？卢梭对此深表忧虑，这些观点在19世纪得到广泛关注，尤其受到黑格尔和马修·阿诺德的注意。哪怕到了今天，"启蒙思想"本身有时也会呈现出一系列限制和不足，而这些正是启蒙思想试图取而代之的内容，可是它远不能提供更丰富的、我们需要知道的知识，以便繁荣那些似乎缩小的领域。

一方面存在这么多的问题，但是另一方面，卢梭对于启蒙思想的贡献又无出其右。他提出政治权威的基础、主权的来源，最重要的是，他强调每个人都应该具有道德尊严，他坚持国家权威来自人民的公意，这颠覆了当时的等级制度和权威体系。不过此处也有对个人的限制，卢梭认为自由来源于社会纽带，他强调发展和维护社会精神。如果我们处于公正仁慈的共同体中，我们就会和自己的同胞休戚与共，对他们的祸福悲伤感同身受。布鲁姆指出，正因为卢梭的思想有多方面表现，所以他的思想不能被放进某一个特定的体系或框架，他试图认识个人生活和社会生活中的多元要素并加以回应。毫无疑问,卢梭是启蒙运动中的核心人物,可以说他的著作是启蒙运动的典型代表。

## 卢梭与法国大革命

无论是马丁还是布鲁姆,都没有在文章中直接提到法国大革命。那场广为人知的政治事件发生于卢梭逝世 11 年后,被视为打上了卢梭深刻的烙印。卢梭对法国大革命影响巨大,这一点似乎已经无需赘言:他深刻批判权力、特权和财富不公;坚持认为主权不是来源于某种世袭的王权原则,而是来源于人民的公意;他激烈批判现有的政府形式——所有这一切,都与大革命的目标相吻合,如果没有卢梭的精神鼓动,大革命是难以想象的。更重要的是,国民大会制订的《人权宣言》,其内容几乎与卢梭的口吻如出一辙。第 1 条(托马斯·潘恩 1791 年翻译)这么写道:

> 人们生来享有而且始终享有自由、平等的权利,社会差别只能以公共利益为基础。

第 6 条继续写道:

> 法律是共同体意愿的表达。全体公民都有权亲自或由其代表参与法律的制订。无论是施行保护还是施加惩罚,

法律面前人人平等。

最后,再看第10条,这呼应了卢梭对于宗教范围和限度的讨论:

> 只要发表的意见没有扰乱法律规定的公共秩序,任何人都不得因其意见而受到干涉。

还可以补充的是,罗伯斯庇尔自称从小就受到卢梭作品的鼓舞。作为后革命时代的新法国重现历史记忆的最好表现,1794年卢梭的遗体被移入先贤祠,《社会契约论》的副本也随着他的棺椁一起下葬。还需要什么更有力的证据来证明卢梭对于法国大革命的重要影响呢?

不过此事也并非完全没有争议,尤其是最近引人瞩目的琼·麦克唐娜在她的《卢梭与法国革命》(1965年)提出,根据《社会契约论》问世后大约25年时间中印数和版本数量显示,在1789年之前其实只有很少人阅读过《社会契约论》。不过R. A. 利在他的《卢梭文献学的未解之谜》(1990年)中决定性地质疑了麦克唐娜的论断。他的研究认为,《社会契约论》除了正式版本,还包括一些非法印制的版本,这展现了卢梭作品问世后一幅非常不同的传播画面,支持了人们对于该问题的普遍观点。

不过,为了说明卢梭对法国大革命的重要影响,并不需要确定他的作品是如何以及为何能做到这一点,因为人们常常对这些问题争论不休。在我看来,更应该关注的是法国的财政问题——税负日益增多、免征制度高度不透明,与此同时,法国似乎充满矛盾,法国国王支持美国独立战争中反叛者对代表权的要求,可是他却不愿意将这些权利赋予自己的国民。毫无疑问,卢梭的言论给人们表达不满提供了现成的资源,以此为武器,他们的诉求得到有力而广泛的传播。不过我认为他的作品不太可能有足够的潜能来激起广泛而深刻的不满,从而促使人们采取革命行动。因为很明显,无论何时,人们对他所写内容的关注都是具有高度选择性的。我相信,很难解释为何一个人或一个机构的作品在危机时刻能获得这种近乎神圣的权力。一旦强行解释了,更多的事情就会接踵而至,不过这并不是说,它只不过是导致危机出现的一系列首要原因中的一小部分因素。比如,人们会想起,在法国大革命的前几年,人们并没有真正追求共和主义,废黜国王路易十六并对其行刑,并不与卢梭思想的一致性或完整性相关。威廉·道尔写道:"很难想象,在伏尔泰或卢梭去世仅仅十一年后,人们会将这一事件归结于他们的影响。作为启蒙运动的信徒,罗伯斯庇尔宣称'政治思想家……根本没预见到这场革命'。"(Doyle:74)

## 卢梭、康德、黑格尔与马克思

值得注意的是,卢梭对于康德的影响并不明确。康德是18世纪最伟大的德国哲学家,也是人类历史上最重要的哲学家之一。我曾偶尔提到康德的作品以解释卢梭的思想,我也选择了康德一段著名评论作为本书题词。在本书第4章中我引用康德对于"自爱的比较"来阐释卢梭的"自爱"观念;在第5章中又借用了他对人的自利心的中性讨论,以此分析公意和众意之间的关系。康德的这些论述确实没有明确引用卢梭的文本,但是有理由严肃怀疑,不仅他的思考受了卢梭影响,而且他显然吸收了这些内容。比如,康德的政治思想中有许多讨论共和国本性和公民义务的内容,这显然带有卢梭的印记。在处理完第一个问题后,我将给出实例。

此处分析卢梭对康德的绝对命令的影响。在康德看来,绝对命令是首要的道德原则,与人性尊严相连。这是一系列错综复杂的庞大论题,不过我想,即便是只进行简短评论,也可以让我们看到卢梭与康德之间的重要联系。康德绝对命令中最著名的命令式是:"只按照你同时愿意它成为普遍法则的那个准则去行动。"(Paton, *the mord law*:88)只从这一点我们很难看到康德受到卢梭思想的任何影响。不过如果我们看到康德从这一最高原则引出的其他命令式(让我们暂且不管这些命令式如何彼此相连),我们就会看到他的思想中包含了卢梭的要素。在"人是目的"的道德律中,康德写道:"你要这样行动,无论是你人格中的人性,还是他人人格中的人性,你在任何时候都要同时当作目的,而绝不仅仅当作手段来使用。"(Ibid,96)他解释说,这是对任意对待他人的限制,促使我们将他人当成尊敬的对象。在这里我们看到,康德在构建自己的理论体系时,非常重视人们彼此间的认同和尊敬,这与卢梭在《爱弥儿》中的论述如出一辙。卢梭也认为认同和尊重是我们作为道德性存在的本质要求,我们与他人一起组成道德共同体。康德与卢梭最明显的联系体现在"目的王国"中,此处的"王国"意味着人们在普遍法则指导下的联合。他继续写道:

> 如果一个理性存在者在目的王国中固然是普遍立法者,但自己也服从这些法则,那么,他就是作为成员而属于目的王国。如果他作为立法者不服从另一理性存在者的意志,那么,他就是作为元首而属于目的王国。(Paton:101)

我们不由得想起卢梭在《社会契约论》第 1 卷第 7 节对共同体成员双重身份的论述。这两段颇为相似:

> 政治体中的结合者,从集体的角度看,他们被称为人民;从个别的角度看,作为主权权威的参与者就叫公民,作为国家法律的服从者,就叫臣民。(SC Ⅰ:7,192 - 193,OC Ⅲ:361 - 362)

康德对于道德基本原则的构想正是受到卢梭共和国公民身份的影响,正如他的其他作品也可以见到卢梭的身影一样,康德对此非常清楚,他在一个引人注目的段落中写道:

> 我们也许可以使卢梭那些常常遭人误解且显然是自相矛盾的见解,既达到内部统一,又与理性相统一。在他的著作《论科学与艺术》和《论人类不平等的起源》中,他正确指

出文化与人类本性(作为一个生理物种,每个个体都应该完成自己的天职)之间存在不可避免的冲突,但是在《爱弥儿》《社会契约论》以及其他作品中,他又试图解决另一个更为困难的问题:文化如何才能使人的禀赋(作为一个道德的物种,这属于他们的天职)得到恰当发展,从而使它不再与作为自然物种的人类相冲突。(Conjectures on the Beginning of Human Histovy,227–228)

我想这相当好地展现了卢梭的核心目标,虽然他没有明确地运用这些术语(至少是不经常使用)。

卢梭对于康德的影响也表现在康德对于上帝存在的"道德证明"。奥·哈根精辟地论述了这一点,此处我仅简单提及(见:O'Hagan:269–270)。本书第 4 章我引用《信仰自白》中的段落,说明卢梭对于灵魂无形的看法:

如果我没有证据证明灵魂无形,那么只要从世界上坏人得意、好人受困的情形看,也会对灵魂无形深信不疑。在普世和谐的情景中竟然出现这样一种令人震惊的不和谐,我竭力想找出答案……我想,一旦身体与灵魂的结合瓦解了,肉体就消灭了,而灵魂则得到保存。(E Ⅳ:283,OC Ⅳ:589–590)

这与康德所说"纯实践理性假设"非常相似:"(这些公设)不是理论的教条,而是必然的实践关怀的先决条件……并且证明思辨理性有正当理由持有这些概念,而思辨理性本来连主张它们的可能性也是不敢的。"康德提出三点道德公设:灵魂不朽、意志自由以及上帝存在。"第一点来源于充分实现道德法则的实际必要条件",这当然是一种完全不同的说法,不过与卢梭要表达的含义极为相似(此稿所有引文均来自《实践理性批判》,第2卷第2章第6节)。

这段关于灵魂不朽的讨论,当然比上帝存在更直接。不过正如前文指出的,康德通过类似的基础来论证上帝存在,他需要"幸福与道德并存",这一点也包含在卢梭的引文中。康德提出的三点公设恰好阻止了卢梭所说的"在普世和谐的情景中竟然出现这样一种令人震惊的不和谐"。

最后,在谈及康德对卢梭的看法时,如果不提到康德那个广为人知的故事,那么这些评价就是不完整的。康德一向以绝对规则的日常作息时间而闻名,但是他却因阅读《爱弥儿》沉醉其中,忘记了时间,结果没有在每天该出现的时间和地点出现。遗憾的是,这则逸事似乎并不真实,它可能只是出于杜撰。如果真是如此,那么就与康德的朋友英国商人约瑟夫·格林有关,他居住在柯尼斯堡,是一位更遵守时间的人(参见 Kuehn:154ff and 458, note 153)。

如果转向黑格尔和马克思的著作,我们可以预见,既然他们有如此多的共同关注点,那么卢梭的观点应该对他们有非常明显的影响。可是事实上我们发现,这些作品中鲜有提及、讨论卢梭,也没有相当明显的证据表明曾受过卢梭思想的影响。不过,黑格尔《法哲学原理》中有一处非常值得注意的段落,我将说明,这似乎显示了他对卢梭某些核心观念的重大误解。

> 卢梭提出将意志作为国家的原则……然而他所理解的意志只不过是特定形式的个人意志(后来的费希特也是如此),而他所理解的普遍意志也不是意志中绝对合乎理性的东西,而仅仅是从个人意志(作为自觉意志)中产生出来的共同要素。如此一来,这些个人结合成国家就成为一种契约,可是契约是基于人们的任性、意见以及随心所欲的同意……一旦这些抽象理论得到运用,我们就会在人类历史上第一次见到如此不可思议的场景:在一个现实的大国中,人们推翻了一切既存的东西,仅仅根据抽象思想,从头开始建立国家制度……这一尝试演变成最可怕、最惨烈的事变。为了反对个人意志的原则,我们必须记住这一基本概念,无论客观意志是否被个体所认识或所追求,其概念中本身就蕴含了理性。(Hegel: *Elements of the Philosophy of Right*, Para 258, p. 277)

黑格尔此处所说的"最可怕、最惨烈的事变"指的是法国大革命的恐怖时期。

人们无法通过黑格尔复杂的概念术语立刻抓住他的观点,不过他似乎完全按照自己的观点塑造了卢梭的想法。比如,如我们所见,卢梭所说的公意,并不依赖于个人的武断意志和随意观点;相反,它追求的是可以表达每一个人和全体人民共同利益的规则。黑格尔所说的意志最多只能算众意,而卢梭几乎没有真正重视这一概念,他强调的是意志的联合,这种联合表达了对所有人平等认可和尊重,是法律和司法的基础原则。当然,卢梭也没有展开对"客观意志……本身具有理性"的讨论。不过他希望以公意指导每一个人,使他们有充分的理性去追求自己的道德尊严和物质利益,这可能与他们出于自己利益而表示的同意只有微弱联系。卢梭讨论个别意志与公意之间的冲突、讨论强迫人民自由、讨论立法者的角色——如果黑格尔对卢梭的评论是对的,那么这些内容没有一个能讲得通。我们很难理解黑格尔为何会形成对卢梭观点的(错误)解释,在这一点上,不仅很难解释,也很难被人们注意到。

至于马克思与卢梭的关系,似乎更加奇怪。他们有如此多的共同关注点,比如:如何克服异化、支配与奴役的关系、垄断性资源配置对人与社会的腐蚀,等等。恩格斯在谈及《论人类不平等的起源》时说:"(本书)包含的一系列观点,从论证细节看,与马克思的杰作《资本论》非常吻合。"(参见 Wokler, 'Rousseau and Marx', 220)但是正如沃克进一步观察后指出的,如果马克思在某种程度上与卢梭有相通之处,那并不是他有意展现的。这并没让评论家们停下追寻两者联系的脚步——也不应该停止,不过他们更倾向于在卢梭的思想中找到原始马克思主义的论点和策略,而不是发现马克思主义对卢梭的借鉴。在我看来,卢梭在《论人类不平等的起源》中分析社会不平等和富人对穷人剥削的产生原因时,并没有突出强调生产力或经济因素,而是强调这是出于自尊的需要。尽管如此,在他们的著作中仍有值得对比的惊人之处,进行这些研究将是富有成果和生动有趣的。

在结束卢梭是否影响伟大德国哲学家的选择性论述之前，很高兴看到黑格尔的宿敌亚瑟·叔本华在《道德基础》中的文字：

> 我提出的伦理学的基础缺少哲学前辈的开拓……他们中的很多人，比如斯多葛学派……断然拒绝而且谴责同情心。不过，我提出的基础得到了卢梭的支持，他无疑是现代最伟大的道德学家。他是人类心灵的睿智法官，他的智慧不是来自书本，而是来自生活，他希望自己的教义不是为专业人士所用，而是对全人类都有用。他是一切偏见的敌人，是自然的学生，他具有天赋，他的教化直击真理、直抵心灵，绝不沉闷单调。（Schopenhauer,183）

## 卢梭与浪漫主义

在讨论卢梭在启蒙运动中的地位时，我注意到有一个模糊的概念——启蒙，它与"浪漫主义"非常相像，看起来含义丰富，可是就其本身来说又什么都没有。不过，正如卢梭的名字与启蒙运动密不可分一样，他也与浪漫主义的产生有着千丝万缕的联系，无论这种联系表现为何，我们都有必要去看看都有哪些观点。必须说明的是，这一主题包罗万象，正如前面的章节一样，我只能择其重点进行概述。

S.S.B.泰勒说：

19世纪法国浪漫主义无疑包含这些要点：它反叛端庄优雅的品位，将以前不体面的行为、禁忌或纯粹的私人利益视为合法体验；它摒弃艺术精神由社会决定的假设，转而承认个人性艺术形式的合法性。在此过程中，对艺术具有理性、清晰和典型描述的要求遭到抛弃，非理性、跳跃甚至是离经叛道的表现成为可接受的、丰富的艺术经验来源，艺术家们转而关注潜意识、甚至是无意识的行为。浪漫主义开拓了许多特色主题，比如美、自然、童年、叛逆、爱情、抑郁、民族、本世纪的罪恶、为艺术而艺术、中世纪、荷马、莎士比亚，等等。不过比这些主题更重要的是发挥了想象力在感知对象和激发艺术灵感以及创造活力中的重要作用。在这一过程中，艺术的全部目的从关注社会转变为精神追求，这成为人类的最高使命。(Taylor:4)

毫无疑问，这种浪漫主义观念正是卢梭作品中展现的核心要素，具体来说，《忏悔录》（尤其是第一部分）是富于浪漫主义想象力的杰出作品。麦克法兰在他的《浪漫主义与卢梭的遗产》（1995年）中写道，"《忏悔录》将一成不变的文学转化为自我反思……"(52)，"卢梭的真实自白不仅将文学的注意力从客观现实转向自我，而且重铸了自我的本质"，他不再塑造英雄，而是"向读者展现了普通的、笨拙的甚至是不够诚信的形象"(55-56)。无论是充满想象力的主体地位所具有的变革力量，还是自我及其突显的特征，都是卢梭具有独创性的核心表现。麦克法兰引用哈兹里特在对比卢梭和华兹华斯时所做的著名评论：

> 两者都从虚无中或者自己的感受中创造出兴趣；都将无数的回忆编织成情感；都受到周围事物的影响……卢梭在某些方面吸引你，是因为你对他感兴趣；华兹华斯先生会让你感受到，即使是最微不足道的东西也充满乐趣，因为他对它们感兴趣。（McFarland：66）

鉴于此处论述的浪漫主义想象的特点，以及《忏悔录》是最生动地表现了个体想象力和主体自身经验中心地位的作品（比较 C 10:478 – 479, OC Ⅰ:516 – 517），几乎不可能看不到 19 世纪大部分以及 20 世纪诗歌、文学甚至视觉艺术，都从根本上受到卢梭创造性的塑造，哪怕这些作家自己都没有意识到这一点。我已经提到，在麦克法兰的研究中，他考察华兹华斯、柯勒律治、雪莱等人与卢梭的关系。雪莱尤其崇拜卢梭，他说："卢梭确实是我心目中自弥尔顿以来世界上最伟大的人。"在受到卢梭深刻影响的英国作家的名单上，我们还可以加上拜伦的名字；在法国，福楼拜和司汤达明显体现了卢梭作品的力量；在德国，歌德、席勒、荷尔德林以及其他人都以不同方式展现了卢梭的榜样作用。

若想深入探讨卢梭多种多样的影响，就需要广泛而细致的研究，这远远超出本文的范围，我所做的就是指出一些显而易见的联系，以此展现卢梭在诸多方面对于浪漫主义的领导地位。

## 实例：卢梭的当代影响

在结论部分，我将挑选一些当代作品以展现卢梭对它们或大或小的影响。正如人们经常调侃所说，研究卢梭是一个巨大的"产业"，比如分析阐述他的观点的书籍。但是这并不是我此处的关注点，我感兴趣的是一个当代理论家或是富有创造力的作家运用卢梭的作品来发展自己的理论。这既不是学术阐释，也不是不确定性的"影响"，而是卢梭观点在当代作品的直接表现，这正是我想讨论的问题。

我将从罗尔斯谈起，他是过去三十年里最重要的政治哲学家。在《正义论》中（1972）罗尔斯的指导观念是："原始契约的目标是建立一种适用于社会基本结构的正义原则，在平等的原初状态中，自由而理性的人们接受并依据这些原则确立联合的基本条件。"（Rawls:11）。人们接受这些原则的"原初状态"究竟意味着什么？罗尔斯继续写道：

> 这种状态的基本特征是：没有人知道自己在社会中的地位——无论是阶级地位还是社会出身；也没有人知道自己在自然禀赋方面的运气，比如能力、智力、体力。我甚至假定各方不知道他们特定的善观念或者是特殊的心理倾向。人们在无知之幕背后选择正义原则，这就保证了任何人在正义原则的选择中，不会因自然机遇或社会环境的偶

然因素而得益或受害。由于所有人处境相似,所以没有人能为自己的特殊情况设计于己有利的原则,正义原则是公平协商或同意的结果。(Ibid,12)

在接下来的六百页里,罗尔斯进一步发展和阐述了他的指导思想。我们可以看到这些基本理念和策略带有明显的卢梭印记:当罗尔斯说没有人"能够为自己的特殊情况设计于己有利的原则"时,与卢梭在《社会契约论》第1卷第6章中讨论社会契约的条款时非常相似。让我们重读一下卢梭富有吸引力的论证:

> 这些条款无疑可以全部归结为一句话:每个结合者都将自身和一切权利全部转让给集体。因为首先,每个人都把自己全部奉献出来,所以对于所有人的条件便都是等同的。既然如此,那么就没有人想要成为其他人的负担了。(SC I :6,191,OC III:360-361)

确实,"无知之幕"产生的效果和卢梭论述的"完全转让自身"产生的效果几乎一样。

但是,关键的问题正在这里,我不是仅仅指出相似之处或是罗尔斯论述中体现的卢梭的影子。罗尔斯明确地说:

> 既然对原初状态可以进行一种康德式解释,那么这种正义的观念确实与理想主义有密切关系,康德试图为卢梭的公意提供哲学基础,正义理论则试图呈现康德目的王国、

自律和绝对命令之间的自然进程。(Rawls:264)

所以联系是显而易见的,而且确实符合本章中对于康德和卢梭之间关系的论述。在《正义论》的其他章节中,罗尔斯广泛地引用了《爱弥儿》中心理学和道德教育的观点(比如,Rawls:459,463)。

我们可以看到卢梭的著作在社会解释和文化分析中的进一步应用。理查德·桑内特的近著《尊敬》(2003)惊人地使用了卢梭式的副标题:《论不平等世界中个性的形成》。他引用了许多《论人类不平等的起源》的观点,尤其是在讨论"不平等的诱惑"时,他直接运用卢梭文本去分析在赢得他人尊重的过程艳羡的推动作用。在引用《论人类不平等的起源》中人们聚集在一起唱歌跳舞的段落后(本书第3章曾讨论过这一段),桑内特评论说:

> 这段文字似乎没有什么特别之处,除非我们与尼采的《善恶的彼岸》进行对比:"我们必须迫使道德屈从于等级制度。"尼采的建议就是个人要足够强大,要为自己骄傲。对卢梭来说,高高在上者对于弱者并不关心:他人的艳羡突显了自己的价值,他怎样才能得到别人的羡慕呢?(Sennett:90-91)

他敏锐地指出正是"弱者"对此过程的参与才导致他们的弱势地位,每个人都想要保持自己高人一等的地位,所以他们希望维持这种产生差别的人际关系。我们在本书第 3 章已经用大段篇幅讨论这一问题。桑内特继续写道:"他(卢梭)的文章得出了一个悲观的结论,仅仅因为他担心诱惑的驱使比自尊的力量更为强大,太重视他人的看法却对自己不够重视。"(同前:93)。我不一定赞同桑内特对于卢梭的评论,不过这并不是重点。

我们发现的另一则以卢梭为资料的论著是福山的畅销书《论历史的终结与最后的人》(1992),他写道:

> 卢梭在《第二论》中指出,人类的真正需求其实非常少……其他所有的需求都不是幸福的必需品,只不过是在与邻居的比较中,如果别人有的东西自己却没有,就会觉得自己有匮乏感,希望自己也能拥有。总之,这是当代消费文化创造出的需求,换言之,是由人类的虚荣心或卢梭所说的"自尊心"产生的欲望,问题是人类在历史中创造出的新欲望层出不穷而且无法满足。(Fukuyama:83)

正如此处指出的,卢梭已经对与"现代消费社会"相伴的贪得无厌做出了深刻诊断,福山进一步赋予"渴望被承认"以中心地位,这确实与卢梭"自尊心"的作用相关(虽然他在本书中的观点与卢梭不太一样),更有名的是黑格尔对于此问题的看法。

除了利用卢梭的理论作品,我最后将指出《忏悔录》在两位当代小说家作品中的呈现。安德鲁·库鲁梅的《米先生》是近年来以卢梭作品为创作素材的最生动有趣的作品。这部小说在某种程度上起源于卢梭《忏悔录》第 10 卷中短暂而神秘出现的弗兰德先生和米纳德先生(见 C10:467 - 469,OC Ⅰ:504 - 506;但是也见于 C11:526 - 527,OC Ⅰ:570 - 571)。卢梭在蒙路易遇到他们,他们也居住在那里,卢梭偶尔与他们下下象棋,但是他怀疑这些"老女人"(黛莱丝语)总想干扰他的生活,所以就断绝了与他们的进一步联系。库鲁梅用幽默的语言栩栩如生地描述了这一情节。与之并行的是,故事中的米先生发现了互联网的力量,他在搜索一本不存在的百科全书时发现了网络色情文学,并开始随后的情欲冒险。这与大学老师勾引学生失败的故事情节交错出现。这部小说层次丰富,它以相当有趣的方式展现了卢梭的作品仍然能激发创作者的想象力。

另一部同样从《忏悔录》获得灵感的小说是威廉·博伊德的《新忏悔录》(1987)。这部小说讲述约翰·詹姆士·托德的生活,他生于19世纪末,是一位爱丁堡外科医生的儿子。他在第一次世界大战中被俘,一位同情他的看守每天给他带来一页撕下的《忏悔录》。约翰·詹姆士完全沉醉于其中。战争结束后,他拍摄了一部相当成功的电影《朱莉》,在克服许多困难后,又拍摄了《忏悔录》的第一部分,他计划进一步拍摄《忏悔录》,但是最终没有完成。这与卢梭本人的生活非常相像,他也有着离奇的爱情、受到迫害和排斥、屈从于偏执狂的折磨。

博伊德这样讲述约翰·詹姆士第一次阅读《忏悔录》的情形:

> 我完全沉醉于这非凡的自传中,从这部书中我读到了自己。如果你阅读它,购买它,你就会明白我的意思。我完

全不了解卢梭,丝毫不清楚他的生活、工作、思想,对于他所处的18世纪的欧洲生活也知之甚少,但是他的语言如此鲜活,他的真诚如此动人且不同寻常,这让我完全没有陌生感。这是第一个真正诚实的人的故事,第一个现代人的故事,这是肮脏的人类历史上第一次出现的高贵的个体精神。当我阅读完所有的书稿时,我感动地哭了。我又开始重新阅读,这个人说出了我们所有人遭受的尘世痛苦、我们的虚荣、我们的希望、我们的伟大瞬间以及我们堕落的天性。
(Boyd:197)

这似乎很适合作为本书的结尾。

## 拓展阅读

Norman Hampson, *The Enlightenment*。Harmondsworth:Penguin, 1968。一个令人印象深刻的历史性概述。

Mark Hulliung, *The Autocritique of Enlightenment: Rousseau and the Philosophers*。Cambridge, MA:Harvard University Press, 1994。精妙地阐述卢梭与主流哲学家紧张关系的论著。

Joan McDonald, *Rousseau and the French Revolution*, 1762 – 1791。London:Athlone Press, 1965。论证卢梭的影响被夸大了。

Carol Blum, *Rousseau and the Republic of Virtue: The Language of Politics in the French Revolution*。Ithaca:Cornell University

Press, 1986。广泛论述卢梭的某些观点。

Ernst Cassirer, *Rousseau, Kant and Goethe*。Princeton: Princeton University Press, 1945, 1970。讨论康德与卢梭的关系。

Thomas McFarland, *Romanticism and The Heritage of Rousseau*。Oxford: Clarendon Press, 1995。详细讨论卢梭的作品和影响。

Irving Babbitt, *Rousseau and Romanticism*。New Brunswick: Transaction Publishers 1919, 1991。一篇非常经典的文章,批评卢梭破坏了古典的和基督教的世界观。

# 词汇表

由于卢梭不曾大范围使用技术性词汇,所以本词汇表只是简短介绍各个术语,以备查询方便,这些术语所指的概念已经在正文中详细讨论。

**自爱**(love of self):所有生物都具有的追求自己幸福的自然欲望,对人来说体现为本能和条件反射。

**自尊**(self love):渴望得到来自他人的关注、喜爱和尊重,常常具有竞争性特征。这是一个在翻译中包含诸多争议的词汇,常常不予翻译。

**公民**(citizen):在卢梭的论述中指的是国家中完全参与主权者的成员。

**团体意志**(corporate will):国家中的小团体追求部门利益或派系利益的愿望。

**公意**(general will):全体公民通过宣告法律来追求共同的善的愿望,一个颇有争议的概念。

**政府**(government):由主权者授权的功能性机构,负责法律的具体适用并维护法律运行。

**立法者**(legislation):一位类似神的"高级智者",指引人们为自己制定适当的法律。

**天然自由**(natural liberty):其范围是一个人想做什么就可以随时做什么,无需受到其他人的许可或控制。

**公民自由**(civil liberty):受法律限制、受公意指引的天然自由。

**道德自由**(moral liberty):一个道德主体在与其他道德主体交往过程中,根据权利和责任确定自己可以做什么的范围。这是一个充满争议的概念。

**自然,自然的**(nature, natural):具有多种含义的术语,包括未经人力触碰的地方,也包括有助于实现人类潜能的事物。

**完善性**(perfectibility):为了更好地保护自己的利益,人类学习经验、调整自己行为的能力。

**君主**(prince):卢梭称呼政府的另一种方式。

**主权**(sovereign):国家中最高权力的来源,也是法律的来源。对卢梭来说,主权者由国家中全体成年成员组成,在参与主权行为时,他们被称为公民。

# 参考文献

### 卢梭著作(法文版)

J. – J. Rousseau, *Oeuvres Complètes*, Volume I, eds. B. Gagnebin and M. Raymond (Paris: Éditions Gallimard, 1959). Contains: *The Confessions*; *Rousseau Judge of Jean – Jacques: Dialogues*; *The Reveries of the Solitary Walker*.

J. – J. Rousseau, *Oeuvres Complètes*, Volume II, eds. B. Gagnebin and M. Raymond (Paris: Éditions Gallimard, 1964). Contains: *Julie, or La Nouvelle Hélo? se*; *Narcissus*.

J. – J. Rousseau, *Oeuvres Complètes*, Volume III, eds. B. Gagnebin and M. Raymond (Paris: Éditions Gallimard, 1964). Contains: *Discourse on the Sciences and Arts*; *Discourse on the Origin of Inequality*; *Discourse on Political Economy*; *The Social Contract*; *Project for a Constitution for Corsica*; *Considerations on the Government of Poland*; *Letters from the Mountain*.

J. – J. Rousseau, *Oeuvres Complètes*, Volume IV, eds. B.

Gagnebin and M. Raymond (Paris: Éditions Gallimard, 1969). Contains: *Émile*; *Émile and Sophie*; *Letter to Christophe de Beaumont*; *Writings on Botany*.

J. -J. Rousseau, *Oeuvres Complètes*, Volume V, eds. B. Gagnebin and M. Raymond (Paris: Éditions Gallimard, 1995). Contains: *Letter to d'Alembert on the Theatre*; *Dictionary of Music*; *Letter on French Music*; *Essay on the Origin of Languages*; *Project for a New Musical Notation*.

J. -J. Rousseau, *Correspondance Complète de Jean-Jacques Rousseau*, ed. R. A. Leigh, 52 volumes (Geneva: Institut et Musée Voltaire, and Banbury, UK: The Voltaire Foundation, 1965 - 98).

### 卢梭著作(英译本)

以下作品按成书时间排序,包括本书引用的著作以及其他有益资源。

*Discourse on the Sciences and Arts*, in *Jean-Jacques Rousseau: The Social Contract and Discourses*, tr. and introduced by G. D. H. Cole, revised and augmented by J. H. Brumfitt and J. C. Hall, updated by P. D. Jimack (London: Dent Everyman, 1993). Abbreviated as Cole et al.

*Discourse on the Origin of Inequality*, in Cole et al. There is also a translation by Maurice Cranston: *A Discourse on Inequality* (Harmondsworth: Penguin, 1964).

Essay on the Origin of Languages, tr. J. H. Moran and A. Gode in *On the Origin of Language* (Chicago: University of Chicago Press, 1966). Also in *The Discourses and Other Early Political Writings*, tr. and ed. Victor Gourevitch (Cambridge: Cambridge University Press, 1997).

*Discourse on Political Economy*, in Cole et al.

Letter to M. d'Alembert on the Theatre, in *Politics and the Arts*, tr. and introduced by Allan Bloom (Ithaca, NY: Cornell University Press, 1960).

*Julie, or the New Heloise*, tr. and annotated by P. Stewart and J. Vaché. *Collected Writings of Rousseau*, Vol. 6, series editors R. D. Masters and C. Kelly. (Dartmouth College: Hanover NH and London, University Press of New England, 1997). There is also an abridged text, tr. Judith H. McDowell (University Park, PA: Pennsylvania State University Press, 1968).

Letters to Malesherbes, in *Citizen of Geneva – Selections from the Letters of Jean – Jacques Rousseau*, tr. C. W. Hendel (New York: Oxford University Press, 1937).

*Emile, or On Education*, tr. and introduced by Allan Bloom (New York: Basic Books, 1979; London: Penguin, 1991).

*The Social Contract*, in Cole et al. There is also a translation by Maurice Cranston: The Social Contract (Harmondsworth: Penguin, 1968).

Letter to Christophe de Beaumont, selections in *The Indispensa-*

*ble Rousseau* compiled by J. H. Mason (London: Quartet, 1979).

Project for a Constitution for Corsica, in *Rousseau: Political Writings*, tr. and ed. F. Watkins (Edinburgh: Nelson, 1953).

*The Confessions*, tr. and introduced by J. M. Cohen (Harmondsworth: Penguin, 1953).

Considerations on the Government of Poland, in *Rousseau: The Social Contract and Other Later Political Writings*, tr. Victor Gourevitch (Cambridge: Cambridge University Press, 1997).

*Rousseau Judge of Jean – Jacques: Dialogues*, tr. J. R. Bush, C. Kelly and R. D. Masters, *Collected Writings of Rousseau*, Vol. 1, series editors R. D. Masters and C. Kelly (Dartmouth College, Hanover NH and London: University Press of New England, 1990).

*Reveries of the Solitary Walker*, tr. and introduced by Peter France (Harmondsworth: Penguin, 1979). There is also a translation, with interpretative essay, by Charles Butterworth (Indianapolis, IN: Hackett, 1992).

Botanical Letters etc., in *Botany, A Study of Pure Curiosity*, tr. K. Ottevanger (London: Michael Joseph, 1979).

除此以外,以下译本也值得提及:

*The Indispensable Rousseau* compiled by J. H. Mason (London, Quartet, 1979). A very helpful selection drawn from whole range of Rousseau's works.

*The Discourses and Other Early Political Writings*, tr. and ed. Victor Gourevitch (Cambridge: Cambridge University Press, 1997).

Contains the first two Discourses together with replies to critics; Preface to Narcissus; *Letter to Voltaire on Providence*; *Essay on the Origin of Languages*.

***The Social Contract and Other Later Political Writings***, tr. and ed. Victor Gourevitch (Cambridge: Cambridge University Press, 1997). Contains: Discourse on Political Economy; The Social Contract; Considerations on the Government of Poland.

***Collected Writings of Rousseau***, eds. R. D. Masters and C. Kelly (Dartmouth College, Hanover NH and London: University Press of New England). Starting with a translation of *Rousseau Judge of Jean – Jacques: Dialogues* in 1990, this continuing edition will comprise the most comprehensive and authoritative translation of Rousseau's works into English.

通识性参考文献

Babbitt, Irving, *Rousseau and Romanticism*. New Brunswick, NJ: Transaction Publishers, 1991 (1919).

Baczko, Bronislaw, *Rousseau, Solitude et Communauté*, tr. from the Polish by C. Brendhel – Lamhout. Paris: Mouton, 1974 (1970).

Barnard, F. M., *Self – Direction and Political Legitimacy: Rousseau and Herder*. Oxford: Clarendon Press, 1988.

Bertram, Christopher, *Rousseau and the Social Contract*. London: Routledge, 2004.

Bloom, Allan, '*Introduction*' to *Émile*, tr. Allan Bloom. New

York: Basic Books, 1979; London: Penguin 1991.

—— 'Introduction' to Politics and the Arts, Rousseau's Letter to d'Alembert on the Theatre, tr. Allan Bloom. Ithaca, NY: Cornell University Press, 1960.

—— 'Jean – Jacques Rousseau' in History of Political Philosophy, eds. L. Strauss and J. Cropsey. Chicago: University of Chicago Press, 1987 (third edition).

—— 'Rousseau's Critique of Liberal Constitutionalism', in The Legacy of Rousseau, eds. C. Orwin and N. Tarcov. Chicago: University of Chicago Press, 1997.

Blum, Carol, Rousseau and the Republic of Virtue: The Language of Politics in the French Revolution. Ithaca, NY: Cornell University Press, 1986.

Boyd, William, The New Confessions. London: Penguin, 1988.

Broome, J. H., Rousseau: A Study of His Thought. London: Arnold, 1963.

Burgelin, Pierre, La Philosophie de l'existence de J. – J. Rousseau. Paris: Presses Universitaires de France, 1977.

Butterworth, Charles E., 'Interpretative Essay' in The Reveries of the Solitary Walker, tr. C. E. Butterworth. Indianapolis, IN: Hackett, 1992.

Cameron, David, The Social Thought of Rousseau and Burke. London: Weidenfeld, 1973.

Canovan, M., 'Rousseau's Two Concepts of Citizenship' in *Women in Western Political Thought*, eds. E. Kennedy and S. Mendus. Brighton: Wheatsheaf, 1987.

Cassier, Ernst, *Rousseau, Kant and Goethe*, tr. J. Gutmann, O. Kristeller, J. H. Randall. Princeton: Princeton University Press, 1970 (1945).

—— *The Question of Jean - Jacques Rousseau*, tr. P. Gay. New Haven, CT: Yale University Press (second edition) 1989 (1954).

Cell, Howard and MacAdam James, *Rousseau's Response to Hobbes*. New York: Peter Lang, 1988.

Chadwick, Owen, *The Secularization of the European Mind in the Nineteenth Century*. Cambridge: Cambridge University Press, 1975.

Chapman, John W., *Rousseau: Totalitarian or Liberal?* New York: AMS Press, 1956.

Charvet, John, *The Social Problem in the Philosophy of Rousseau*. Cambridge: Cambridge University Press, 1974.

Cobban, Alfred, *Rousseau and the Modern State*. London: George Allen & Unwin, 1964. Cohler, Anne, *Rousseau and Nationalism*. New York: Basic Books, 1970.

Colletti, Lucio, *From Rousseau to Lenin*, tr. J. Merrington and J. White. London: New Left Books, 1972.

Cooper, Laurence D., *Rousseau, Nature, and the Problem of*

*the Good Life*. University Park, PA: Pennsylvania State University Press, 1999.

Cranston, Maurice, *Jean – Jacques: The Early Life and Work of Jean – Jacques Rousseau*, 1712 – 1754. London: Allen Lane, 1983.

—— *The Noble Savage: Jean – Jacques Rousseau*, 1754 – 1762. London: Allen Lane, 1991.

—— *The Solitary Self: Jean – Jacques Rousseau in Exile and Adversity*. London: Allen Lane, 1997.

—— '*Introduction*' to Jean – Jacques Rousseau, *A Discourse on Inequality*. Harmondsworth: Penguin, 1984.

Cranston, Maurice and Peters, Richards S., *Hobbes and Rousseau: A Collection of Critical Essays*. New York: Anchor, 1972.

Crocker, Lester, *Jean – Jacques Rousseau: The Quest* (1712 – 1758), New York: Macmillan, 1968.

—— *Jean – Jacques Rousseau: The Prophetic Voice* (1758 – 1778). New York: Macmillan, 1973.

Crumey, Andrew, *Mr Mee*. London: Picador, 2000.

Darnton, Robert, *The Great Cat Massacre*. London: Penguin, 1985.

Davis, Michael, *The Autobiography of Philosophy: Rousseau's The Reveries of the Solitary Walker*. Lanham, MD: Rowman & Littlefield, 1999.

de Man, Paul, *Blindness and Insight*, second edn. London:

Methuen, 1983.

della Volpe, Galvano, *Rousseau and Marx*, tr. J. Fraser. London: Lawrence & Wishart, 1978.

Dent, N. J. H. , *Rousseau*. Oxford: Basil Blackwell, 1988.

—— *A Rousseau Dictionary*. Oxford: Blackwell Publishers, 1992.

Derathé, Robert, *Le Rationalisme de J. - J. Rousseau*. Paris: Presses Universitaires de France, 1948.

—— *Jean - Jacques Rousseau et la Science Politique de son temps*. Paris: Vrin, 1988 (1950).

Doyle, William, *The French Revolution - A Very Short Introduction*. Oxford: Oxford University Press, 2001.

France, Peter, *Rousseau: Confessions*. Cambridge: Cambridge University Press, 1987.

Fukuyama, Francis, *The End of History and the Last Man*. London: Penguin, 1992.

Garrard, Graeme, *Rousseau's Counter - Enlightenment*. Albany, NY: State University of New York Press, 2003.

Gay, Peter, 'Reading about Rousseau' in Peter Gay, *The Party of Humanity*. London: Weidenfeld, 1964.

Gildin, Hilail, *Rousseau's Social Contract: The Design of the Argument*, Chicago: University of Chicago Press, 1983.

Goldschmidt, Victor, *Anthropologie et politique: les principes du système de Rousseau*. Paris: Vrin, 1983.

Gray, John, *Enlightenment's Wake*. London: Routledge, 1995.

Grimsley, Ronald, *Rousseau and the Religious Quest*. Oxford: Clarendon Press, 1968.

—— *Jean - Jacques Rousseau: A Study in Self - Awareness*, Cardiff: University of Wales Press, 1961.

—— *The Philosophy of Rousseau*. Oxford: Oxford University Press, 1973.

Guéhenno, Jean, *Jean - Jacques Rousseau*, tr. J. and D. Weightman, 2 vols. London: Routledge, 1966.

Hall, J. C., *Rousseau: An Introduction to his Political Philosophy*, London: Macmillan, 1973.

Hampson, Norman, *The Enlightenment*. Harmondsworth: Penguin, 1968.

Hartle, Ann, *The Modern Self in Rousseau's Confessions: A Reply to St. Augustine*. Notre Dame: University of Notre Dame Press, 1983.

Harvey, S., Hobson, M., Kelley, D. J., Taylor, S. S. B, *Reappraisals of Rousseau*. Manchester: Manchester University Press, 1980.

Hegel, G. W. F., *Elements of the Philosophy of Right*, ed. A. W. Wood, tr. H. B. Nesbit. Cambridge: Cambridge University Press, 1991 (1821).

Hendel, C. W., *Citizen of Geneva: Selections from the Letters of*

*Jean - Jacques Rousseau*, New York: Oxford University Press, 1937.

—— *Jean - Jacques Rousseau: Moralist*, 2 vols. Indianapolis, IN: Bobbs - Merrill, 1934.

Horowitz, Asher, *Rousseau, Nature, and History.* Toronto: University of Toronto Press, 1987.

Hulliung, Mark, *The Autocritique of Enlightenment: Rousseau and the Philosophes.* Cambridge, MA: Harvard University Press, 1994.

Hume, David, 'Account of the controversy between Hume and Rousseau' (The Concise Account) in *Philosophical Works, David Hume*, Vol. 1. Edinburgh: William Tate, 1826 (1766).

Huizinga, J. H., *The Making of a Saint.* London: Hamish Hamilton, 1976.

Jones, Colin, *The Great Nation.* London: Allen Lane, Penguin Press, 2002.

Jones, J. E., *Rousseau's 'Dialogues': An Interpretive Essay.* Geneva: Droz, 1991.

Kant, I., *Religion Within the Limits of Reason Alone*, tr. T. M. Greene and H. H. Hudson. New York: Harper & Row, 1960 (1794).

—— Perpetual Peace, in *Kant: Political Writings*, ed. H. Reiss, tr. H. B. Nisbet. Cambridge: Cambridge University Press, 1991 (1796).

—— 'An Answer to the Question "What is Enlightenment?" ' in *Kant: Political Writings*, ed. H. Reiss, tr. H. B. Nisbet. Cambridge: Cambridge University Press, 1991 (1784).

—— *Groundwork of the Metaphysic of Morals*, tr. H. J. Paton under the title: The Moral Law. London: Hutchinson, 1961 (1785).

—— 'Conjectures on the Beginning of Human History' in *Kant: Political Writings*, (1786).

—— *Critique of Practical Reason*, tr. L. W. Beck. New York: Library of Liberal Arts, 1993 (1788).

Kelly, Christopher, *Rousseau's Exemplary Life – The 'Confessions' as Political Philosophy*. Ithaca, NY: Cornell University Press, 1987.

Kuehn, Manfred, *Kant – A Biography*. Cambridge: Cambridge University Press, 2001.

Launay, M., *Jean – Jacques Rousseau: Écrivain Politique*. (1712 – 1762), second edn, Geneva: Slatkine, 1989.

Leigh, R. A. (ed.), *Rousseau After 200 Years*. Cambridge: Cambridge University Press, 1982.

Leigh, R. A., *Unsolved Problems in the Bibliography of J. – J. Rousseau*. Cambridge: Cambridge University Press, 1990.

Levine, Andrew, *The Politics of Autonomy*. Amhurst, MA: University of Massachusetts Press, 1976.

Locke, John, *Some Thoughts Concerning Education*, eds. J.

W. Yolton and J. S. Yolton. Oxford: Clarendon Press, 1989 (1695).

Lovejoy, A. O. , 'Rousseau's Supposed Primitivism' in A. O. Lovejoy, *Essays on the History of Ideas*. Baltimore, MD: Johns Hopkins Press, 1948.

Martin, Kingsley, *French Liberal Thought in the Eighteenth Century*. London: Phoenix House, 1962.

Masters, R. D. , *The Political Philosophy of Rousseau*. Princeton: Princeton University Press, 1968.

McDonald, Joan, *Rousseau and the French Revolution 1762 – 1791*. London: Athlone Press, 1965.

McFarland, Thomas, *Romanticism and the Heritage of Rousseau*. Oxford: Clarendon Press, 1995.

Melzer, A. M. , *The Natural Goodness of Man*. Chicago: University of Chicago Press, 1990.

Miller, James, *Rousseau: Dreamer of Democracy*. New Haven, CT: Yale University Press, 1884.

Morgenstern, Mira, *Rousseau and the Politics of Ambiguity: Self, Culture, and Society*. University Park, PA: Pennsylvania State University Press, 1996.

Noone, J. B. , *Rousseau's Social Contract*. London: Prior, 1980.

O'Hagan, Timothy (ed. ), *Jean – Jacques Rousseau and the Sources of the Self*. Aldershot: Avebury, 1997.

O'Hagan, Timothy, *Rousseau*. London: Routledge, 1999.

Okin, S. M., *Women in Western Political Thought*. London: Virago, 1980.

Orwin, C. and Tarcov, N. (eds.), *The Legacy of Rousseau*. Chicago: University of Chicago Press, 1997.

Paton, H. J., The Moral Law, translation of I. Kant: *Groundwork of the Metaphysic of Morals*. London: Hutchinson, 1961.

Plattner, Marc, *Rousseau's State of Nature: An Interpretation of the Discourse on Inequality*. DeKalb, IL: Northern Illinois University Press, 1997.

Polin, R., *La Politique de la Solitude*: Paris, Sirey, 1971.

Porter, Roy, *Enlightenment*. London, Penguin, 2001.

Rawls, John, *A Theory of Justice*. Oxford: Oxford University Press, 1972.

Riley, Patrick, *The General Will before Rousseau*. Princeton: Princeton University Press, 1986.

Riley, Patrick (ed.), *The Cambridge Companion to Rousseau*. Cambridge: Cambridge University Press, 2001.

Roche, Kennedy F., *Rousseau: Stoic and Romantic*. London: Methuen, 1974.

Roosevelt, Grace G., *Reading Rousseau in the Nuclear Age*. Philadelphia: Temple University Press, 1990.

Rosenblatt, Helena, *Rousseau and Geneva*. Cambridge: Cambridge University Press, 1997.

Schopenhauer, A., *On the Basis of Morality*, tr. E. F. J. Payne. Indianapolis, IN: Library of Liberal Arts, 1965 (1841).

Schwartz, Joel, *The Sexual Politics of Jean – Jacques Rousseau*. Chicago: University of Chicago Press, 1984.

Sennett, Richard, *Respect: The Formation of Character in an Age of Inequality*. London: Allen Lane, 2003.

Shklar, Judith N., *Men and Citizens: A Study of Rousseau's Social Theory*. Cambridge: Cambridge University Press, 1985 (1969).

Starobinski, Jean, *Jean – Jacques Rousseau: Transparency and Obstruction*, tr. A. Goldhammer. Chicago: University of Chicago Press, 1988 (1971).

Strong, Tracy B., *Jean – Jacques Rousseau: The Politics of the Ordinary*, Thousand Oaks, CA: Sage, 1994.

Talmon, J. L., *The Origins of Totalitarian Democracy*. Harmondsworth: Penguin, 1986 (1952).

Taylor, S. S. B., 'Rousseau's Romanticism' in S. Harvey et al. (eds.), *Reappraisals of Rousseau*. Manchester: Manchester University Press, 1980.

Trachtenberg, Zev M., *Making Citizens: Rousseau's Political Theory of Culture*. London: Routledge, 1993.

Viroli, Maurizio, *Jean – Jacques Rousseau and the 'Well – Ordered Society'*, tr. D. Hanson. Cambridge: Cambridge University Press, 1988.

Waltz, Kenneth N. , *Man, the State and War*. New York: Columbia University Press, 2001 (1959).

Williams, Huntington, *Rousseau and Romantic Autobiography*. Oxford: Oxford University Press, 1983.

Wokler, Robert, 'The Discours sur les sciences et les arts, and its offspring: Rousseau in reply to his critics', in S. Harvey et al. (eds.), *Reappraisals of Rousseau*. Manchester: Manchester University Press, 1980.

—— 'Rousseau and Marx' in D. Miller and L. Siedentop (eds.), *The Nature of Political Theory*. Oxford: Clarendon Press, 1983.

—— *Rousseau on Society, Politics, Music and Language: An Historical Interpretation of his Early Writings*. New York: Garland, 1987.

—— *Rousseau - A Very Short Introduction*. Oxford: Oxford University Press, 2001.

Wokler, Robert (ed.), *Rousseau and Liberty*. Manchester: Manchester University Press, 1995.

Wright, E. H. , *The Meaning of Rousseau*. London: Oxford University Press, 1929.

# 译后记

卢梭(1712－1778)是18世纪法国著名思想家,创作了大量经久不衰、振聋发聩的作品,然而卢梭的一生却充满矛盾:他向往爱情,《朱莉》展现的美好情感令人动容,但是他与华伦夫人、乌德托夫人的不伦之恋令他饱受诟病;他渴望友情,希望获得他人的理解,但是由于观点不同、自身敏感多疑,他与伏尔泰、休谟、埃皮奈夫人等朋友反目成仇;他重视教育,写作了不朽的教育著作《爱弥儿》,但是却将自己的孩子送到育婴堂;他珍视人的价值,希望重回自由平等的社会,但是《社会契约论》在吹响启蒙号角的同时也包含着吞噬个人自由的危险;他坦诚地剖析自己,《忏悔录》成为自传性文本的写作典范,但是毫无遮掩地回忆也为反对者提供了攻击的证据。如何在卢梭体量巨大、观点庞杂的著作中梳理出他思想演变的脉络、抓住他一以贯之的主线,这对读者来说是一个不小的挑战,登特教授这本卢梭导论为初学者指明了方向。

本书作者尼古拉斯·登特是伯明翰大学哲学系荣休教授,

数十年中致力于卢梭研究。作者在书中要回答"为什么读卢梭"以及"如何读卢梭"两个问题。阅读卢梭显然与卢梭作品中体现的现代意义有关,我们经常可以看到作者透过卢梭文本而流露出的现代关切:比如面对卢梭对人类不平等的起源的分析,作者称"这是对人类心理和社会最敏锐的观察,不仅对 18 世纪的巴黎有启发,就是对今天的个人生活和社会动力仍然富有启示",重回平等世界正是当今议题之一;再比如当他看到卢梭对于共和主义节日的论述时,立刻想到当代以全球娱乐代替地方文化习俗而引发的问题。

如果说"为什么读卢梭"体现的是作者的学术关怀,那么"如何读卢梭"体现的则是作者的学术能力。作为入门读物,作者尽量以清晰、简洁的语言全景式展现卢梭的思想。从结构看,全书先概述卢梭的 9 种作品类型和 5 种重要主题,以便让读者迅速搭建起卢梭著作的整体框架,然后再逐章讨论重点作品,让读者在文本细读中体会各主题的论证。这种写法对于提纲挈领地把握卢梭观点自然大有裨益,不过不可否认的是,总说与分说之间难免有所重复,有时会略显冗长。从论证过程看,全书围绕相关主题采取问题导向式结构,既避免武断陈述,又避免陷入复杂的学术争论。由于有明确的主题贯穿全书,所以随着章节推进,读者可以清晰地看到卢梭的观念演变,比如作者详细比较了《论人类不平等的起源》中"自尊"和《爱弥儿》中"自尊"的变化,指出其对人类共同体的影响。

本书在翻译过程中参考了李平沤译《卢梭全集》、何兆武译《社会契约论》、田飞龙编译《卢梭立宪学文选》、袁树仁译《卢梭评判让-雅克:对话录》等多种卢梭著作的中文译本。我曾就部分文句与现工作于中央编译局的熊道宏师弟讨论,他的博士论文专门研究卢梭;我也曾就书中法文字句请教华东师范大学姜丹丹老师。对于以上师友表示诚挚感谢。去年翻译本书时,小田螺还没有出生,可以说这是我们母女两人共同的作品;今年译本出版时她已经快一岁了,正好作为她的生日礼物。

戴木茅
2018 年 8 月 2 日

## 图书在版编目（CIP）数据

卢梭/（英）尼古拉斯·登特（Nicholas Dent）著；戴木茅译.
--北京：华夏出版社，2019.06
书名原文：Rousseau
ISBN 978-7-5080-9527-1

Ⅰ.①卢… Ⅱ.①尼… ②戴… Ⅲ.①卢梭（Rousseau, Jean Jacques 1712-1778）－哲学思想－研究 Ⅳ.①B565.26

中国版本图书馆 CIP 数据核字(2018)第 166616 号

Rousseau 1st Edition / by Nicholas Dent / ISBN: 0-415-28350-7
Copyright © 2005 by Routledge.
Authorized translation from English language edition published by Routledge, part of Taylor & Francis Group LLC; All Rights Reserved.
本书原版由 Taylor & Francis 出版集团旗下，Routledge 出版公司出版，并经其授权翻译出版。版权所有，侵权必究。
Huaxia Publishing House is authorized to publish and distribute exclusively the **Chinese (Simplified Characters)** language edition. This edition is authorized for sale throughout **Mainland of China**. No part of the publication may be reproduced or distributed by any means, or stored in a database or retrieval system, without the prior written permission of the publisher.
本书中文简体翻译版授权由华夏出版社独家出版并在限在中国大陆地区销售，未经出版者书面许可，不得以任何方式复制或发行本书的任何部分。
Copies of this book sold without a Taylor & Francis sticker on the cover are unauthorized and illegal.
本书贴有 Taylor & Francis 公司防伪标签，无标签者不得销售。
版权所有　翻印必究
北京市版权局著作权合同登记号：图字 01-2011-0901 号

## 卢　梭

| | |
|---|---|
| 著　者 | ［英］尼古拉斯·登特 |
| 译　者 | 戴木茅 |
| 责任编辑 | 罗　庆 |
| 出版发行 | 华夏出版社 |
| 经　销 | 新华书店 |
| 印　装 | 三河市少明印务有限公司 |
| 版　次 | 2019 年 6 月北京第 1 版<br>2019 年 6 月北京第 1 次印刷 |
| 开　本 | 880×1230　1/32 开 |
| 印　张 | 9 |
| 字　数 | 187 千字 |
| 定　价 | 49.00 元 |

**华夏出版社**　地址：北京市东直门外香河园北里 4 号　邮编：100028
网址：www.hxph.com.cn　电话：(010)64663331（转）
若发现本版图书有印装质量问题，请与我社营销中心联系调换。